DAS SUPER Leselöwen GESCHICHTENBUCH

*Der Umwelt zuliebe ist dieses Buch
auf chlorfrei gebleichtem Papier gedruckt.*

ISBN 3-7855-3479-5 – 4. Aufl. 2001
© 2000 Loewe Verlag GmbH, Bindlach
Umschlagillustration: Jan Birck
Satz: Fotosatz Leingärtner, Nabburg

Inhalt

Freunde, die bellen, wiehern, zwitschern

Ponnyrennen mit Hindernissen 8
Der Höllenhund 13
Pinki will sauber bleiben 18
Der neue Hansi 21
Antonia von Rosenstrauch 26
In der Falle 32
Wer kümmert sich um Kalif? 37

Wer sagt denn, dass Schule langweilig ist?

Verflixt, verhext, verschwunden 42
Bruchrechnen 48
Das Unglück 51
Kaugummi mit Himbeergeschmack 56
Bongo, der Ausredenkönig 63
Der Zauberring 70
Hitzefrei 76
Blumenwunder 82

Sport macht Spaß!

Strandfußball in Brasilien 90
Die Abkürzung 96
Das Entscheidungsspiel 104
Erste oder zweite Gruppe? 109
Nie wieder Schlusslicht 113
Jenny legt los 117
Als Salomon einmal zweimal ins Schwarze traf . . . 123
Idiotische Spiele 130

Meine Freunde sind die besten

Liebe Paula 136
Die Flaschenpost 142
Wasserscheu 149
Vier legen zusammen 155
Tom 161
Fremde Worte 168
Amerika 173

Für große und kleine Abenteurer

Der sagenhafte Schatz 180
Gawain von Grauschwanz
und die schreckliche Meg 186
Der Seewolf 194
Das Geheimversteck 201
Das Monster vom blauen Planeten 206
Auch Piraten brauchen Haustiere 213
Unerwartete Belohnung 218

Quellenverzeichnis 223

Freunde, die bellen, wiehern, zwitschern

Anne Braun

Ponyrennen mit Hindernissen

Svenja, Timo und neun andere Kinder hatten eine aufregende Woche auf dem Ponyhof hinter sich. Inzwischen kannten sie die fünfzehn Ponys längst mit Namen. Sie waren täglich auf ihnen geritten, hatten sie gefüttert und auch beim Ausmisten geholfen.

    Heute, am Sonntagnachmittag, würden die Eltern kommen, um ihre Kinder abzuholen. Doch zum Abschluss gab es noch etwas ganz

Besonderes: ein Kutschenrennen mit Preisen. Svenja und Timo konnten es kaum erwarten.

Bei der Auslosung am Vorabend hatten ausgerechnet Svenja und Timo die beiden schnellsten Ponys zugeteilt bekommen. Jeder der beiden wollte unbedingt gewinnen. Das würde ein spannendes Kopf-an-Kopf-Rennen werden!

Als alle Eltern angekommen waren, spannten die Kinder auf dem großen Hof ihre Ponys ein.

„Dir werd ich's zeigen!", dachte Timo und warf einen Seitenblick auf Svenja.

„Du wirst dich noch wundern, wenn du denkst, dass du gewinnst", dachte auch Svenja.

Als das Startkommando ertönte, ließen die Kinder ihre Ponys losstürmen. Bald lagen Svenja und Timo in Führung. Der Wind pfiff ihnen um die Ohren, und sie hörten das gleichmäßige Getrappel der Ponyhufe.

Jetzt kam ein kleines Waldstück. Die beiden kannten die Strecke gut und bereiteten sich auf eine scharfe Rechtskurve vor.

Um Timo endgültig abzuschütteln, beschloss Svenja, die Kurve abzukürzen. Sie zog heftig am rechten Zügel. Ihr Pony gehorchte und geriet auf

den weichen Waldboden. Plötzlich gab der Boden unter dem linken Vorderhuf nach. Ein Mäuseloch! Das Pony strauchelte, und die Kutsche samt Svenja kippte um.

„Au!", schrie Svenja. „Mein Bein ist eingeklemmt."

Timo, der hinter ihr die scharfe Kurve sauber ausfuhr, lenkte sofort sein Pony seitlich auf die Wiese und stoppte. Dann rannte er zu Svenja.

Da die Kutsche zum Glück recht leicht war, konnte Timo sie ein Stück hochheben. Svenja zog ihr Bein hervor und schrie auf.

„Warte, ich hole Hilfe!", rief Timo. Er schirrte sein Pony aus und ritt schnell zum Ponyhof zurück.

Die Frau des Ponyhofbesitzers, Beate, war Krankenschwester und kam sofort zur Unfall-stelle.

„Du hast ganz schön Glück gehabt!", sagte sie zu Svenja. „Dein Fuß ist nur leicht verstaucht. Und dem Pony ist auch nichts passiert. Sogar die Kutsche ist heil geblieben."

„Tut mir Leid, dass dir meinetwegen der erste Preis flöten ging", murmelte Svenja. Sie saß neben Timo auf der Bank beim Ziel und rieb sich das noch etwas schmerzende Schienbein.

„Ach, das macht doch nichts", meinte Timo. „Hauptsache, du bist gesund!"

„Trotzdem danke!", sagte Svenja und lächelte Timo an.

11

Der lächelte zurück. Nach dem Rennen fand die Preisverleihung statt. Alle klatschten, als Beate den ersten Preis an Bianca, den zweiten an Britta und den dritten an Yvonne übergab. Dann sagte sie: „Ich hoffe, dass es euch allen hier gefallen hat. Und kommt bald wieder! Ach, beinahe hätte ich noch etwas vergessen. Ausnahmsweise wird heute noch ein Sonderpreis verliehen. Er besteht aus fünf Gratis-Reitstunden. Dieser Preis geht an Timo Müller, weil er nicht nur sportlich, sondern auch hilfsbereit war."

Vor Freude bekam Timo einen ganz roten Kopf. Svenja gab ihm einen Schubs. „Los, geh schon!", flüsterte sie.

Langsam setzte sich Timo in Bewegung. Und der Applaus, der jetzt ertönte, war der lauteste der ganzen Preisverleihung.

Illustriert von Dorothea Ackroyd

Gunter Preuß

Der Höllenhund

Sven ist mit seinen Eltern aus der Stadt in das Dorf Himmelreich gezogen. Sie bewohnen ein kleines weißes Haus mit einem großen Garten.

Doch Sven hockt immer nur in seinem Zimmer. Seine Eltern schimpfen. Sie sagen, er soll an die frische Luft gehen und mit den anderen Kindern spielen.

Wenn Sven die Kinder draußen lachen hört, rennt er zum Fenster. Aber dann sieht er auch wieder den Hund im Hof des Nachbarn.

Und der riesige schwarze Hund sieht ihn. Er knurrt, bellt, fletscht die Zähne, reißt an der Kette und tut so, als wolle er über die Hecke springen.

„Der Höllenhund!", ruft Sven und zieht die Gardine wieder vor das Fenster. Sofort verstummt das Gebell.

Sven möchte gern das Dorf entdecken. Er kennt bisher nur das Großstadtleben. Er ist neugierig auf die Menschen hier. Vor allem auf die Kinder. Er will in Himmelreich neue Freunde finden. Gern würde Sven auf den Wiesen herumtollen. Und bei der Hitze möchte er im Waldsee baden. Aber Sven wagt sich nicht aus dem Haus. Der Höllenhund ist ein gar zu fürchterliches Biest.

Sven ist es langweilig im Haus. Er nimmt all seinen Mut zusammen. Obwohl es Hochsommer ist, zieht er sich wie im Winter an: Stiefel, Thermoanzug, Schal und Fellhandschuhe. Auf den Kopf stülpt er sich Vaters Motorradhelm. Der Höllenhund hängt zwar an einer Kette. Aber für ihn ist es sicherlich eine Kleinigkeit, sich loszureißen und über die Hecke zu springen.

Sven schleicht aus dem Haus. Aber kaum betritt er den Garten, beginnt der Höllenhund, wütend

zu bellen und an der Kette zu reißen. Der Junge bekommt das große Zittern.

Aber er will nicht zurück in sein Zimmer. Er will sich allerdings auch nicht vom Höllenhund fressen lassen.

Also setzt Sven sich in die offen stehende Haustür und beginnt, mit dem Höllenhund zu sprechen. Er schwitzt und stottert.

„Ich bin es doch nur. Der Sven. Ich kenne dich, du bist der Höllenhund. Was hast du denn gegen mich?"

Der Höllenhund bellt etwas leiser. Er hält den Kopf schief, als ob er versuchen wollte, den Jungen besser zu verstehen.

„Ich gebe es ja zu, Höllenhund. Ich habe Angst vor dir. Du bist viel größer und stärker als ich. Sei doch bitte nicht gar so fürchterlich."

Sven rutscht sitzend immer näher an die Hecke heran. Der Höllenhund fletscht nicht mehr die Zähne. Er knurrt nur noch.

„Du bist ein Riesenschnauzer. Papa hat das gesagt. Ein Wachhund bist du. Aber du musst doch nicht immer so böse und wütend sein, oder?"

Sven sitzt jetzt ziemlich dicht an der Hecke. Der Höllenhund ist still und steht ganz ruhig.

Sven nimmt den Motorradhelm ab, steht auf und kramt einen Keks aus seiner Jackentasche.

Er bricht ihn in der Mitte auseinander. Die eine Hälfte steckt er sich in den Mund, die andere Hälfte streckt er dem Hund hin.

Sven hält die Luft an. Aber der Höllenhund schnappt nicht nach seiner Hand. Er schnüffelt am Keks, nimmt ihn ganz vorsichtig aus Svens Hand.

„So ist es brav", sagt Sven. Vorsichtig steht er auf und geht zurück ins Haus. Stiefel, Thermoanzug und Handschuhe zieht er aus. Jetzt kann er endlich mal ins Dorf gehen. Als er am Abend zurückkommt, fühlt er sich in Himmelreich schon fast zu Hause. Er hat mit den Kindern Fußball gespielt und am Klettergerüst geturnt. Aber am schönsten ist es, dass der Höllenhund ihn schwanzwedelnd empfängt.

Von nun an spricht Sven jeden Tag mit dem Hund. Er erfährt vom Nachbarn, dass der Höllenhund eigentlich „Schwarzer" heißt.

Bald wartet Schwarzer immer schon auf Sven. Seine Freude über ein Wiedersehen wird täglich größer.

Eines Tages nimmt Sven Schwarzer an die Leine. Und die beiden spazieren durch das schöne Himmelreich. Im Waldsee baden sie zusammen, und auf den Wiesen schlagen sie Purzelbäume.

„Weißt du was?", sagt Sven. „Ich mag dich, du Höllenhund."

„Wuwuwuuu!", bellt Schwarzer, was heißen soll: „Ich dich doch auch, du Mensch!"

Illustriert von Philip Hopman

Ingrid Kellner

Pinki will sauber bleiben

Pinki war ein Schwein, das sauber bleiben wollte. Seine beste Freundin, die Katze Feline, saß frühmorgens im Hof und putzte sich genüsslich das Fell. Ja, so sauber wie Feline wollte Pinki auch sein. Die anderen Schweine gingen zur Suhle und warfen sich in den Schlamm, dass es nur so spritzte.

„Passt doch auf, ihr blöden Schweine!", rief Pinki.

„Selber Schwein!", lachten sie.

Nur Mama rief: „Komm rein, Pinki, hier ist es wunderbar kühl."

„Nein", sagte Pinki, „ich bleibe sauber", und rubbelte sich den Dreckspritzer von seinen weißen Borsten.

Gerade ging die Sonne über dem Hausdach auf. Sie schien direkt auf Pinkis helle Schwarte. Puh, war das heiß und kein Schatten weit und breit.

Feline rümpfte die Nase: „Du stinkst ja wie ein Schwein, Pinki!" Dann erhob sie sich würdevoll und stakste davon. Pinki schämte sich ja so!

Später stach die Sonne senkrecht vom Himmel herab. Pinki wurde es schwarz vor den Augen, er platzte fast vor Hitze.

Da kam Mama angezockelt. „Was ist los mit dir, Pinki?", fragte sie besorgt. „Du siehst gar nicht gut aus. Du glühst ja. Schweine vertragen keine Hitze, das weißt du doch."

Pinki hatte es nicht gewusst. Ihm war jetzt alles egal, wenn er vor Hitze nur nicht sterben musste. Er stolperte hinter Mama her und fiel – platsch, pladder, plumps – in die Schlammsuhle hinein. Nach einer Weile öffnete er die Augen und sah, dass er von oben bis unten, vom Ringelschwanz bis zur Schnauzenspitze mit braunem Schlamm bedeckt war. Genau wie alle anderen Schweine auch.

Auf der Mauer über der Suhle saß Feline. „Na, wie ist es?", fragte sie.

„Cremig wie Schokoladensoße", stöhnte Pinki vor Behagen, „und himmlisch kühl!"
„Du Schwein!", rief Feline.
„Du Katze!", lachte Pinki.

Illustriert von Klaus Puth

Erhard Dietl

Der neue Hansi

Simons Oma ist schon recht alt und wohnt ganz allein in ihrer kleinen Wohnung. Wenn Simon seine Oma besucht, dann backt sie ihm Pfannkuchen, oder sie schüttet Mais in einen Topf und macht frisches Popcorn. Simon erzählt ihr dann von der Schule und von seinen Freunden. Die Oma will immer alles ganz genau wissen. Manches muss ihr Simon zweimal sagen oder ganz laut, denn die Oma hört nicht mehr besonders gut. Sie hat auch sehr schlechte Augen, und oft verwechselt sie den Zucker mit dem Salz. Oder sie findet die Brille nicht, die vor ihr auf dem Tisch liegt.

Seit ein paar Tagen ist Simons Oma krank. Sie muss das Bett hüten, und Simons Eltern kaufen ein und kochen für sie. Aber heute hat Simon für die Oma eingekauft. Er stellt die Tüte mit der Milch und den Äpfeln auf den Tisch.

„Hallo, Oma, wie geht's dir?", ruft Simon.

„Schon viel besser", sagt die Oma und richtet sich im Bett auf. „Du, Simon, schau doch mal nach meinem Hansi. Ich glaube, mit ihm stimmt etwas nicht! Er ist heute so ruhig."

Hansi ist Omas blauer Wellensittich. Seit vierzehn Jahren lebt er bei ihr und hat seinen Käfig neben dem Fenster in der Küche.

„Was fehlt ihm denn?", fragt Simon und schaut in den Vogelkäfig. Da sieht er mit Schrecken, dass der Sittich gestorben ist. Regungslos liegt er auf dem Käfigboden.

„Was meinst du? Ist er krank?", fragt Oma aus dem Nebenzimmer.

Simon weiß nicht, was er sagen soll. Er traut sich nicht, der Oma zu sagen, dass der Vogel tot ist. Sie soll nicht traurig sein. Also erklärt er: „Es geht ihm nicht so gut. Am besten, ich bringe ihn rüber zum Tierarzt. Er soll ihn mal anschauen."

„Das ist lieb von dir", sagt Oma. Simon fischt den steifen Vogel aus dem Käfig, legt ihn in eine Schachtel und macht sich auf den Weg.

„Was soll ich nur tun", denkt er, „der Tierarzt kann Hansi auch nicht mehr lebendig machen."

Trotzdem zeigt er ihn Doktor Wolff. Der Tierarzt sieht sich den Vogel an und sagt: „Welllensittiche werden meist nicht älter als vierzehn Jahre, das ist normal. Er ist wohl an Altersschwäche gestorben. Mach ihm doch ein schönes Grab im Garten."

„Aber meine Oma wird schrecklich traurig sein", sagt Simon. „Sie hat den Hansi so lieb." Er erzählt dem Tierarzt, dass Oma krank ist, schlecht hört und vor allen Dingen so erbärmlich schlecht sieht. Da hat Doktor Wolff eine Idee. Er flüstert sie Simon ganz leise ins Ohr, so als ob es ein Geheimnis wäre.

Kurze Zeit später buddelt Simon im Garten neben dem Apfelbaum ein Vogelgrab. Er legt Hansi in die Erde, und obendrauf steckt er einen schönen Zweig. Dann setzt er sich auf sein Fahrrad und radelt in die Zoohandlung. Er hat sein ganzes gespartes Geld dabei.

Im Zooladen gibt es eine Menge Vögel: Finken, Papageien, einen Beo und natürlich auch grüne und blaue Wellensittiche. Simon schaut sich die Sittiche ganz genau an. Endlich hat er den richtigen entdeckt. Er sieht genauso aus wie Omas Hansi, den will er haben. Also kauft Simon seiner Oma einen neuen Hansi.

23

„Hoffentlich merkt sie nichts", denkt er, als er mit klopfendem Herzen den Laden verlässt.
„Na, was hat der Tierarzt gesagt?", fragt Oma, als Simon zurückkommt. Sie zieht ihren Bade-

mantel an und geht mit Simon in die Küche. Simon steckt den neuen Wellensittich in den Käfig.

„Alles okay", sagt er. „Er hat gesagt, der Hansi ist schon ziemlich alt für einen Sittich."

Die Oma beugt sich über den Käfig. „Das weiß ich doch. Mein armer alter Hansi", sagt sie.

„Es ist dein neuer Hansi", denkt Simon erleichtert. Bestimmt lebt er noch vierzehn Jahre, ohne dass die Oma etwas merkt!

Illustriert von Erhard Dietl

Gunter Preuß

Antonia von Rosenstrauch

Susi ist zur Geburtstagsfeier eingeladen. Tante Maja wird vierzig Jahre alt. „So alt wird kein Mensch", denkt Susi. Aber ihre Tante anscheinend doch.

Tante Maja ist eine Dame. Sie ist ganz vornehm und achtet sehr auf gutes Benehmen. Sie sagt zu Susi: „Sitz gerade, mein Kind." Kaum sitzt Susi gerade, sagt die Tante: „Schließe bitte den Mund beim Kauen." Susi presst den Mund zusammen. Aber schon verlangt die Tante: „Blas die Backen nicht so auf!"

Susi springt auf. Sie hat genug vom Kaffeetrinken und vom guten Benehmen. „Tante Maja, darf ich deinen ulkigen Hund ausführen?", fragt sie.

Die Tante bekommt einen roten Kopf. „Also hör mal. Meine Antonia von Rosenstrauch ist eine reinrassige Zwergpudelhündin! Sie gehört zum Hochadel der Pudelzucht!"

Die adelige Pudelhündin sitzt wehmütig auf dem Stuhl neben Tante Maja. Sie ist blütenweiß und frisch gepudert. Antonia von Rosenstrauch duftet nach französischem Parfüm. Sie trägt ein rotes Samthalsband. Ihre Haarkrone glitzert golden.

„Ist in Ordnung", sagt Susi. „Antonia ist die Größte. Darf ich sie nun ausführen?"

Die Tante nickt gnädig. Sie reicht Susi eine rote Leine und sagt: „Und geh nur auf sauberen Wegen. Meine Antonia ist gegen Schmutz sehr empfindlich."

Tante Maja gibt Antonia einen Abschiedskuss. Endlich dürfen Susi und die Hündin die Wohnung verlassen. Auf der Straße holt Susi tief Luft.
So eine vornehme Tante ist schon ziemlich anstrengend.

Susi führt Antonia von Rosenstrauch durch das Wohnviertel. Die Wege sind pieksauber. Kein Problem. Und die Pudelhündin weicht tatsächlich jedem Staubkörnchen aus.

„Mensch, bist du gut erzogen", sagt Susi. „Das ist ja langweilig. Komm, wir rennen mal."

Anfangs muss Susi die Hündin an der Leine hinterherziehen. Aber bald bekommt Antonia Spaß am Rennen. Sie macht große Sprünge und beißt in die Leine. Plötzlich sind die beiden in einer Pfütze gelandet.

„Himmel!", ruft Susi. „Jetzt sehen wir aber blöd aus!"

Aber weiter geht die wilde Jagd. Die Wege sind nun nicht mehr sauber. Im Park balgen die beiden sich in einem Laubberg. Dann geht es die nasse Rutschbahn hinunter. Und in einer großen Pfütze springen sie, dass es nach allen Seiten nur so spritzt.

„Hallihallo, das macht froh!", ruft Susi und lacht.

„Wawawawa!", bellt Antonia zustimmend.

Es wird bereits dunkel. Susi und Antonia rennen zur Wohnung zurück. Da bleibt die Pudelhündin ruckartig stehen und starrt auf einen Abfallhaufen.

„Pfui!", ruft Susi.

Aber es ist schon zu spät. Antonia von Rosenstrauch hat sich auf den Rücken geworfen und wälzt sich voller Wonne im Dreck. Sie strampelt mit den Beinen und quiekt wie ein vergnügtes Ferkel.

Endlich springt Antonia wieder auf die Beine und schüttelt sich. Dann setzt sie sich vor Susi und hebt die Vorderpfote, als ob sie um Verzeihung für ihr schlechtes Benehmen bitten will.

„Passiert ist passiert", sagt Susi. „Nun aber Tempo. Sonst reißt Tante Maja mir den Kopf ab."

Als Tante Maja die beiden sieht, schlägt sie die Hände über dem Kopf zusammen. Zum ersten

Mal ist sie sprachlos. Aber das hält nicht lange an. Dann stößt sie einen spitzen Schrei aus und schimpft los: „Wie seht ihr denn aus! Antonia, mein Kind! Du musst ja dein gutes Benehmen völlig vergessen haben! So schmutzig! Und du stinkst ja wie ein …!"

„Wie ein Schwein", ergänzt Susi. „Aber uns geht es wunderbar."

„Wawawawa", bestätigt Antonia von Rosenstrauch.

Den ganzen Abend ist Tante Maja damit beschäftigt, Antonia von Rosenstrauch wieder zur schönsten Pudelhündin der Welt zu machen. Antonia wird gebadet, geföhnt, gekämmt und gepudert. Ihre Haarkrone wird steil gebürstet, und sie wird von vorn und von hinten mit französischem Parfüm besprüht.

Nun sitzt Antonia von Rosenstrauch wieder blütenweiß auf ihrem Stuhl. Susi flüstert ihr zum Abschied zu: „Gehen wir wieder einmal zusammen spazieren?"

„Wawawawa", bellt Antonia leise. „Aber ja, bitte."

Illustriert von Philip Hopman

Norbert Landa

In der Falle

Mario machte mit seinen Eltern Urlaub am Meer.
Sie waren jeden Tag am Strand zum Schwimmen,
und beim Schnorcheln sah Mario viele Fische.

Ab und zu machte die Familie auch einen
Bootsausflug zu einer der kleinen vorgelagerten
Inseln.

„Morgen möchte ich tauchen und mit einer
Harpune Fische jagen!", rief Mario.

„Eine Harpune ist viel zu gefährlich für Kinder",
sagte seine Mutter.

„Was, du willst mit einer Harpune jagen?", fragte
der alte Pedro, der sie in seinem Boot von Insel zu
Insel schipperte. „Das solltest du dir noch mal
überlegen. Ich will dir eine Geschichte erzählen:

Einmal tauchte ich dort draußen vor dem Riff,
da hörte ich ein lautes Klicken, das mussten
Delfine sein. Und tatsächlich, wenig später sah
ich zwei große Delfine und einen Baby-Delfin, der
war vielleicht einen Meter lang. Der kleine Delfin
war sehr ängstlich. Er wollte wegschwimmen,
doch die Großen schoben ihn zu mir hin. ‚Was
wollen die Delfine bloß von mir', dachte ich. Da
sah ich es. In der Schwanzflosse des Kleinen
steckte eine Harpune. Und die Leine der Harpune

war fest um den Körper des Delfinbabys gewickelt. Sie schnitt ihm tief ins Fleisch ein.

‚Armer Kleiner', dachte ich. ‚Das tut sicher sehr weh.' Ich wollte weiterschwimmen, doch die beiden großen Delfine versperrten mir den Weg.

Da verstand ich: Sie brauchten Hilfe. Sie baten mich, den Kleinen aus der Leine zu befreien. Aber das waren starke wilde Tiere! Wenn ich die Harpunenspitze löste, musste das dem kleinen Delfin sehr wehtun. Er würde sich wehren, und die erwachsenen Tiere würden mich vielleicht verletzen. Ich war in einer heiklen Lage.

Was sollte ich tun?

Vorsichtig berührte ich den kleinen Delfin. Er ließ sich das gefallen. Doch als ich die Harpune anfasste, die in seiner Schwanzflosse steckte, wollte er sofort wegschwimmen. Aber das ließen die großen Delfine nicht zu. Sie klickten sanft und schoben ihn wieder in meine Richtung.

Vorsichtig wickelte ich die Leine ab. Nun ging es darum, die Harpunenspitze herauszuziehen.

Ich brauchte mein Tauchermesser. Wie ein Arzt musste ich die Stelle einschneiden, an der die Harpune festsaß. Der kleine Delfin wand sich vor Schmerzen.

Immer wieder wollte er wegschwimmen. Doch die erwachsenen Delfine drängten sich an ihn und hielten ihn zurück. Aber ich hatte keine Zeit, mich zu wundern. Die Atemluft in meiner Taucherflasche wurde langsam knapp. Also klemmte ich das Delfinbaby zwischen meine Beine. Nun wusste ich ja, dass die großen Tiere mir nichts tun würden. Meine Hände zitterten vor Aufregung. Ich machte einen tiefen Schnitt in die Schwanzflosse. Endlich konnte ich die Harpunen-spitze herausziehen. Sobald ich den kleinen Delfin losließ, schwamm er weg.

Aber einer der beiden größeren Delfine blieb. Mit seiner Schnauze berührte er meine Taucher-maske. Dann gab er mir mit seiner Schnauze einen Stups vor die Brust und verschwand mit den beiden anderen im tiefen Wasser."

Pedro schwieg. Dann griff er hinter sich in einen Kasten und zeigte Mario eine fingerlange Metall-spitze.

„Das ist diese Harpunenspitze. Die Delfine schienen zu wissen, dass nur ein Mensch sie herausziehen konnte. Deshalb kamen sie mit ihrem Baby zu mir."

35

Mario starrte die Pfeilspitze an. So hatte er die Sache nie gesehen. Das Jagen, das ihm Spaß machte, bedeutete Tod und Schmerzen für das Tier, das er jagte. Dann wollte er lieber weiterhin mit seinem wasserfesten Fotoapparat „jagen".

„Haben Sie die Delfine irgendwann noch mal getroffen?", fragte er.

„Ich weiß es nicht. Manchmal, wenn ich auf dem Meer zum Fischen bin, tummeln sich auch Delfine in der Nähe. Der kleine Delfin muss mittlerweile erwachsen sein. Vielleicht ist er ja ab und zu dabei?"

Illustriert von Bernhard Oberdieck

Cornelia Funke

Wer kümmert sich um Kalif?

Warum trinken Erwachsene eigentlich so gern stundenlang Kaffee? Sie sitzen auf ihrem Hintern, rühren in ihren Tassen herum und reden über Dinge, die keinen interessieren.

Eines Nachmittags musste Alexa mal wieder mit zu so einem Kaffeetrinken. Bei Tante Irmtraud und Onkel Berthold. Furchtbar!

Als die Erwachsenen die zweite Torte in sich reinstopften, schlüpfte Alexa aus dem Wohnzimmer und machte sich daran, das Haus zu erkunden.

Viel Interessantes entdeckte sie nicht. Ein Zimmer war langweiliger als das andere. Nichts als riesige alte Möbel, scheußliche Vasen und Fotos von düster dreinblickenden Leuten.

Aber gerade, als sie das Treppengeländer wieder runterrutschen wollte, hörte sie es. Ein Krächzen. Ganz deutlich.

Alexa lauschte. Da! Da war es schon wieder.

Leise schlich sie an den Türen entlang.

Das Krächzen wurde lauter.

Alexa öffnete die letzte Tür, und da war er. Ein grauer Nymphensittich. Traurig hockte er in einem viel zu kleinen Käfig. Seine Frisur war zerrupft,

und sein Gefieder sah aus, als hätte er sich seit Wochen nicht geputzt.

„Hallo!", sagte Alexa. „Du siehst aber schlimm aus."

Der Sittich legte den Kopf schief und guckte sie an.

Alexa begutachtete den Käfig. „Dein Futternapf ist ja ganz leer! Und dein Wasser. Igitt! Das ist ja total voll gekackt."

Mit einem Ruck hob Alexa den Käfig von dem Tischchen, auf dem er stand, und schleppte ihn die Treppe runter.

Rums! stieß sie die Wohnzimmertür auf.

„Wem gehört der?", fragte sie.

Erschrocken drehten die Erwachsenen sich um.

Tante Irmtraud fiel die Torte von der Kuchen-
gabel.

„Ach der!", sagte Onkel Berthold mit vollem
Mund. „Der hat meiner Schwester Elsbeth gehört.
Nichts als Dreck und Krach macht er. Aber
irgendwer musste sich ja um ihn kümmern, als
Elsbeth ins Altersheim zog. Da wollen sie nämlich
keine Viecher."

„Ihr kümmert euch aber gar nicht um ihn!", rief
Alexa. „Er hat kein Futter. Sein Wasser ist voll
gekackt, und außerdem ist er ganz allein. Das find
ich eine Gemeinheit."

„Alexa!", sagte Papa. „So redet man doch nicht
mit Erwachsenen."

Alexa kniff die Lippen zusammen.

„Bring den Vogel wieder dahin, wo du ihn
gefunden hast", sagte Papa und goss sich noch
eine Tasse ein.

Alexa rührte sich nicht. „Wie heißt er?", fragte
sie.

„Kalif", sagte Tante Irmtraud. „Elsbeth hatte eine
Vorliebe für die Märchen aus Tausendundeiner
Nacht."

„Kalif!" Alexa guckte den Nymphensittich an.
„Ich werde ihn mitnehmen."

„Was?", fragte Mama erschrocken. „Um Gottes
willen, was willst du denn mit dem Vogel?"

„Ich werd mich um ihn kümmern", sagte Alexa.

39

„Er sieht furchtbar traurig aus. Merkt ihr nicht, wie seine Frisur runterhängt? Er ist einsam. Ich nehm ihn mit."

„Aber, aber!" Mama tupfte sich den Mund mit ihrer Serviette ab. „Das geht doch nicht."

„Also, meinetwegen kann sie das Vieh mitnehmen", brummte Onkel Berthold. „Ich bin froh, wenn ich das Gekrächze nicht mehr höre."

„Ja, und überall diese Federn!" Tante Irmtraud seufzte. „Wenn das Kind ihn haben will. Bitte."

So kam Alexa zu einem Vogel.

Schon im Auto fing Kalif an, sich zu putzen. Und nach zwei Tagen sah seine Frisur prächtig aus. Alexa vergaß nie, ihn zu füttern. Nach der Schule nahm sie ihn auf die Hand, kraulte seinen Kopf und unterhielt sich mit ihm. Ja, und zu Weihnachten schenkte sie ihm einen Freund. Damit er nicht so einsam war, wenn sie in der Schule saß.

Illustriert von Cornelia Funke

Wer sagt denn, dass Schule langweilig ist?

Anne Steinwart

Verflixt, verhext, verschwunden

„Wiiie ist dein Name?" Frau Limpert, die Klassenlehrerin der 3a, mustert die neue Schülerin und beginnt, ihre Brille zu putzen. Wenn Frau Limpert sich mit ihrer Brille beschäftigt, wird es gefährlich.

Die Neue war ganz plötzlich da. Seit wenigen Minuten sitzt sie neben Benjamin. Sie sieht hübsch aus. Eine Menge goldblonder Locken kringeln sich um ein zartes Gesicht.

„Nöle Stinkeldings", sagt sie jetzt noch einmal. Mit einem sanften Lächeln, aber mit spöttischer Stimme.

Alle schauen zu ihr hin.

„Weißt du das genau?", fragt Frau Limpert. Blitzschnell setzt sie die Brille wieder auf und rückt sie dann auf ihrer spitzen Nase hin und her.

„So genau wie zwei plus drei sieben macht", sagt Nöle und zieht eine Grimasse.

Alle kichern. Nur Frau Limpert nicht. Sie donnert: „Ruuuheee!"

Das Gekicher hört sofort auf.

„Du bist hier in der Schule", sagt Frau Limpert. Ihre Nase wird noch spitzer. „Das ist kein Ort, an dem jeder seine Späßchen machen kann!"

„Das habe ich mir schon gedacht", sagt Nöle. „Darum wollte ich auch nicht herkommen."

Benjamin senkt den Kopf. Diese Neue scheint besonders mutig zu sein. Er selbst hat meistens einen ziemlichen Bammel vor Frau Limpert.

„Meine Mutter meint, dass ein bisschen Schule nicht schaden kann", erklärt Nöle weiter. „Ich habe ihr versprochen, dass ich es einmal probiere. Also bin ich jetzt hier. Ob ich morgen wiederkomme, weiß ich noch nicht. Abwarten und Brille putzen!"

Frau Limpert steht ganz steif da. Die Brille rutscht langsam auf ihre Nasenspitze zu. Bevor sie unten angekommen ist, atmet Frau Limpert einmal tief durch und wird wieder lebendig.

Sie guckt Nöle an, als ob sie auf einmal Luft ist. Dann schiebt sie ihre Brille zurück und kommandiert: „Alle Mathehefte geöffnet auf die Tische! Ich will die Hausaufgaben von gestern sehen."

„Verflixter Mist", denkt Benjamin.

Nöle rückt näher zu ihm. Sie berührt ihn fast mit der Schulter.

„Es gibt viele hässliche Wörter", flüstert sie. „Das Wort Hausaufgaben ist eins von den allerschlimmsten. Besonders, wenn man sie vergessen hat."

Benjamin zuckt zusammen. Kann die Neue Gedanken lesen?

„Manchmal", flüstert Nöle und kommt noch näher. Jetzt berührt sie wirklich Benjamins Schulter. Aber das ist sehr angenehm. Von Benjamin aus kann sie so sitzen bleiben. Er lächelt sie vorsichtig an.

„Du brauchst keine Angst zu haben", flüstert Nöle. „Vor mir nicht."

Sie schaut ihm tief in die Augen. „Und vor dieser Spitzmaus da vorne auch nicht", fügt sie hinzu und lächelt verschwörerisch.

Benjamin starrt sie an. Die hat gut reden! Die hat keine Ahnung, was passieren würde, wenn Frau Limpert das hört!

Er rückt ein Stück weg, schielt zu den Tischen an der Fensterseite. Dorthin, wo Frau Limpert eben noch gestanden hat.

Er kriegt Gänsehaut, guckt weg und muss doch sofort wieder hinsehen. Zwischen den Schultischen steht eine Maus! Mit Frau Limperts Körpergröße und mit ihrer Kleidung!

Sie sieht aus wie eine lebendige Comicfigur, aber kein anderer scheint das zu merken. Alle sitzen mit eingezogenen Köpfen und schrecklich ernsten Gesichtern da.

Benjamin findet das ganz plötzlich zum Lachen. Er prustet laut los.

Frau Limpert dreht sich erstaunt zu ihm. Sie sieht jetzt wieder wie immer aus, nur die spitze Nase erinnert noch an das Mäusegesicht.

Benjamin guckt auf diese Nase und sagt langsam und feierlich: „Meine Mutter ist gestern dreißig geworden. Das ganze Haus war voll Besuch und keiner von den Gästen wollte meine Hausaufgaben machen."

Frau Limpert nimmt ihre Brille ab und betrachtet sie nachdenklich. Dann lächelt sie ein wenig.

„In Ordnung, Benjamin", sagt sie. Kein Wort mehr.

Benjamin kann es kaum glauben. Er guckt schnell zu Nöle. Aber der Platz neben ihm ist leer …

Nöle ist verschwunden.

Illustriert von Petra Probst

Ingrid Kellner

Bruchrechnen

Bianca hatte Bauchweh.

„Du bist heute nicht gut drauf, stimmt's?", fragte Trixi, Biancas Schmuseschwein. Seine rosa Plüschschnauze war schon ganz grau und schmuddelig vor lauter Liebhaben.

Bianca nickte. „Heute haben wir Bruchrechnen bei Frau Halle."

Bianca hatte Angst vor Frau Halle. Und wenn sie Angst hatte, bekam sie Bauchweh und kapierte überhaupt nichts mehr.

„Nimm mich mit", grunzte Trixi. „Nimm mich doch mit in die Schule, dann werde ich dir helfen."

Sie kamen drei Minuten zu spät, aber Frau Halle sagte nichts. Sie starrte nur entgeistert auf Trixi, die auf den freien Platz neben Bianca sprang und sich neugierig umsah.

„Oink, oink, was ist denn das für ein Stall?", grunzte Trixi.

Die Kinder lachten. „Hey, Bianca, ist das dein Schwein?"

Frau Halle rief: „Ruhe! Seid sofort ruhig, und hört mir zu! Also, es gibt Ganze und Halbe, das wisst ihr schon. Heute nehmen wir die Viertel- und Achtelbrüche durch."

„Das interessiert doch kein Schwein!", grunzte Trixi. „Wirklich interessant ist nur das Glück."

„Wie darf ich das verstehen?", fragte Frau Halle eisig.

„Na, ein ganzer Sack Kartoffeln macht mich glücklicher als ein halber", sagte Trixi. „Das ist doch ganz einfach. Und hinterher ein viertel Sack Mais und ein Dreiviertelstündchen Schlaf, das ist das ganze Glück."

Frau Halle musste lachen. Und danach übten sie Bruchrechnen mit lauter Schweinkram: Sie teilten Rüben, Raupen, Kartoffelschalen, Falläpfel, Bucheckern und leckere Pilze in Viertel und Achtel, machten wieder Ganze daraus und hatten überhaupt viel Spaß.

Als die Schule aus war, klemmte Bianca Trixi unter den Arm und lief fröhlich nach Hause. „Jetzt hab ich das Bruchrechnen endlich kapiert."

„Schwein gehabt!", grunzte Trixi.

„Stimmt", lachte Bianca. „Stimmt genau!" Und sie gab Trixi einen Kuss auf die graue Schmuddelschnauze.

Illustriert von Klaus Puth

Angelika Mechtel

Das Unglück

Nach den Osterferien geschieht ein Unglück. Der dicke Henning, den eigentlich keiner aus der Klasse so richtig mag, läuft vor ein Auto.

Frau Winter erklärt es ihrer Klasse. Er hat mit anderen auf dem Bürgersteig Fußball gespielt. Dann ist der Ball auf die Fahrbahn gerollt. Henning lief hinterher, ohne nach rechts oder links zu sehen.

„Warum hat der Autofahrer nicht gebremst?", will Stephanie wissen.

„Er fuhr viel zu schnell!"

Aber das hilft Henning nun auch nichts mehr. Er liegt im Krankenhaus.

Nadine beginnt zu weinen, als Frau Winter sagt: „Wahrscheinlich kommt Henning vor den Sommerferien nicht mehr in die Klasse zurück. Er ist sehr schwer verletzt. Sein linkes Bein ist mehrmals gebrochen."

„Kann er jemals wieder richtig laufen?"

„Hat er große Schmerzen?"

„Ist es sehr langweilig, tagein und tagaus im Krankenhaus im Bett liegen zu müssen?"

Thomas schreit wütend: „Wenn ich den Autofahrer erwische, mache ich Apfelmus aus ihm!"

Paule will wissen, ob die Polizei schon eingeschaltet ist.

Und dann sagt Florian auf einmal: „Wir müssen uns um den dicken Henning kümmern!"

Er hat auch schon eine Idee. Jeden Tag sollen zwei aus der Klasse Henning im Krankenhaus besuchen.

„Einverstanden?", fragt Frau Winter.

„Einverstanden!", ruft die ganze Klasse.

„Und wir bringen ihm jedes Mal etwas von uns mit, damit er weiß, dass wir an ihn denken!", schlägt Ilka vor.

    Als erstes Geschenk malt Clara ein Bild. Darauf sind zweiundzwanzig Elefanten zu sehen. Sie heißen, wie die Kinder in der Klasse heißen. Alle Elefanten sind grün. Nur den Elefanten, der den Namen Henning trägt, zeichnet Clara mit einem blauen Stift. Er steht auf drei Beinen. Das vierte Bein ist eingegipst und mit einer orangefarbenen Schleife verziert. Der Henning-Elefant schwingt fröhlich den Rüssel in die Luft.

    In den kommenden Wochen gibt jeder etwas von seinem Taschengeld ab. Sie kaufen Lakritze und Gummibärchen, Comics, Sammelbilder und Aufkleber für Henning. Frieder bastelt Papierflieger, die Henning auf die Krankenschwestern loslassen kann. Nico trägt das Rechenbuch ins Krankenhaus und will mit Henning üben, aber Henning ist meistens zu müde.

Er ist auch gar nicht mehr der dicke Henning. Blass und schmal liegt er im weißen Krankenhausbett. Nur ein einziges Mal bekommt er Farbe ins Gesicht. Das geschieht, als Clara ihm ihre Lieblingshaarschleife schenkt. Sie ist blau mit goldenen Tupfen darauf. Henning bittet Clara, die Schleife um eine Stange des Bettgestells zu binden. „Damit ich sie immer sehe!"

Zwei Wochen vor den Sommerferien kann Henning dann zum ersten Mal mit Krücken durch den Krankenhauspark humpeln.

„Was für ein Glück, dass Henning wieder gesund wird!", sagt Frau Winter. „Es hätte auch schlimmer kommen können!"

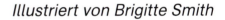

Illustriert von Brigitte Smith

Manfred Mai

Kaugummi mit Himbeergeschmack

In der letzten Stunde gehen die drei dritten Klassen der Erich-Kästner-Grundschule in den Musiksaal, um einen Film über richtiges Verhalten im Straßenverkehr anzuschauen. Obwohl die Lehrerinnen ihre Klassen mehrfach zur Ordnung rufen, gibt es ein fürchterliches Gedränge und Geschubse. Fast alle Kinder wollen möglichst weit vorne sitzen.

   Martin aus der 3a drängelt auch. Aber nicht, um weit nach vorn zu kommen. Im Gegenteil, er will weiter nach hinten, wo er Lisa aus der 3c entdeckt hat. Er kämpft sich durch die vorwärts drängelnden Kinder in Lisas Nähe. Dann wartet er, bis Lisa sich setzt. Rechts neben ihr sitzt Lisas

Freundin Anne. Martin würde sich gern auf der anderen Seite neben Lisa setzen, aber das traut er sich nicht. Deswegen steigt er schnell über eine Stuhlreihe und setzt sich hinter Lisa.

Während die anderen noch um gute Plätze rangeln, betrachtet Martin Lisa von hinten. Sie hat schönes Haar. Es glänzt fast wie Gold. Am liebsten möchte Martin Lisas Haar anfassen, aber er tut es nicht.

Lisa und Anne reden miteinander. Martin spitzt die Ohren.

„Der ist ein Angeber und richtig doof", hört er Lisa sagen.

Martin spürt einen Stich. Ihm wird ganz flau im Magen.

„Nur weil er ein teures Fahrrad hat, meint er, er ist der Größte", sagt Anne.

„Teures Fahrrad?", fragt sich Martin. „Wieso teures Fahrrad? Ich hab doch gar kein teures Rad." Da geht Martin ein Licht auf. Die reden ja gar nicht von ihm. Erleichtert lehnt er sich zurück.

„Nachdem jetzt alle einen Platz gefunden haben, können wir endlich mit dem Film beginnen!", ruft die Schulleiterin. „Passt bitte gut auf!"

Die Verdunkelungsrollos surren nach unten. Im Raum ist es jetzt richtig schön schummrig.

Während im Film ein Polizist zeigt, was alles zu einem verkehrssicheren Fahrrad gehört, überlegt Martin, wie er es anstellen könnte, dass Lisa zu ihm nach hinten guckt. Da fallen ihm seine Kau-

gummis ein. Sonst darf man in der Schule natürlich keine kauen. Aber jetzt sehen die Lehrerinnen es ja nicht. Er holt das Päckchen aus der Hosentasche, nimmt einen heraus und tippt Lisa leicht auf die Schulter.

Sie dreht den Kopf und fragt: „Was ist denn?"

Martin hält ihr den Kaugummi fast vor die Nase und flüstert: „Magst du?"

Lisa wundert sich zwar, greift jedoch zu und bedankt sich. Anne schaut ebenfalls nach hinten, aber ihr gibt Martin keinen Kaugummi.

Lisa packt den Kaugummi aus und schiebt ihn in den Mund. Martin kann von schräg hinten

sehen, wie sie kaut. Er beugt sich so weit nach vorn, dass sein Kopf dicht neben dem von Lisa ist. Martin riecht Lisas Haar. Ihm wird von dem wunderschönen Geruch beinahe schwindlig.

Lisa spürt Martins Nähe, lehnt sich ein wenig zur Seite und schaut ihn an.

„Schmeckt dir der Kaugummi?", fragt Martin ganz leise. Lisa nickt.

„Himbeer ist mein Lieblingsgeschmack", flüstert Martin.

„Meiner auch."

„Scht!", macht eine Lehrerin. „Ihr sollt nicht reden, sondern aufpassen!"

Martin kann nicht aufpassen. Was der Polizist über die Verkehrszeichen und Vorfahrtsregeln erzählt, interessiert ihn jetzt nicht. Im Moment hat er nur Nase, Augen und Ohren für Lisa.

„Meiner auch", hat sie gesagt. Martin spürt ein Kribbeln im Bauch. Er schließt die Augen, um es noch stärker zu spüren.

„He, nicht pennen!", zischt sein Nachbar und stößt ihm den Ellbogen in die Seite.

Mit einem Schlag ist das schöne Gefühl weg.

„Spinnst du?", sagt Martin und gibt den Stoß zurück.

„Au!"

„Ruhe dahinten!", ruft die Schulleiterin durch den Saal.

Martin wartet eine Weile. Dann holt er einen zweiten Kaugummi aus der Hosentasche, beugt sich wieder nach vorn und flüstert Lisa ins Ohr: „Hier, für nachher."

Lisa dreht langsam den Kopf, guckt Martin an und flüstert: „Hast du dann noch einen für dich?"
Martin nickt. Da nimmt Lisa den Kaugummi und steckt ihn ein.

Illustriert von Sabine Kraushaar

Bernhard Lassahn

Bongo, der Ausredenkönig

Bongo kam immer zu spät und hatte immer tolle Ausreden. Pottebaum war immer ziemlich wütend auf ihn.

Diesmal kam Bongo erst in der dritten Stunde.

„Warum kommst du so spät?" Pottebaum guckte auf die Uhr und kochte vor Wut.

„Das kann ich nicht sagen", bedauerte Bongo aufrichtig. „Ich habe versprochen, es keinem zu verraten, und dafür habe ich fünfzig Euro gekriegt."

Pottebaum ließ sich das nicht bieten. „Raus mit der Sprache, warum so spät?"

„Wegen der Hundeampel", erklärte Bongo. „Bei uns im Stadtviertel soll die erste Hundeampel Deutschlands eingeführt werden."

„Hundeampel?", wunderte sich Pottebaum. „Wie soll die denn funktionieren?"

„So, dass die Hunde bei Rot an der Ampel stehen bleiben und bei Grün gehen. Das bringt mehr Sicherheit für unsere Straßen."

Pottebaum guckte verwundert. „Ich kann mir nicht vorstellen, wie so was funktionieren soll."

„Es hat auch nicht funktioniert", da konnte Bongo seinen Lehrer trösten. „Deshalb hat alles so lange

gedauert. Als es endlich Grün wurde, bin ich losgerannt, gestolpert und ausgerechnet auf einen Hund gefallen, der Windpocken hatte. Vor Schreck hat er mich gebissen. Aber so schlimm war es auch wieder nicht."

„Dann zeig mal, wo dich der Hund gebissen hat!" Nun wollte es Pottebaum genau wissen.

Statt sich das Hosenbein aufzukrempeln, sagte Bongo nur: „Man kann den Biss nicht erkennen. Ich sagte ja, dass es nicht so schlimm war. Schlimm war nur, dass der Hund Windpocken hatte."

„Windpocken? Du meinst wohl …", überlegte Pottebaum, „Tollwut."

„Woher soll ich das wissen?", fragte Bongo. „Es wusste eh keiner, ob es Tollwut war, Windpocken

oder keines von beidem. Alle standen nur dumm rum und waren genauso ratlos wie Sie."

„Was?! Wie ich?", wunderte sich Pottebaum.

„Ja, genau", bekräftigte Bongo. „Keiner wusste Bescheid, und die Leute stritten sich, und die Zeit verging, und die Leute stritten weiter, und die Zeit verging weiter, und ich wurde ungeduldig, denn ich wollte pünktlich zur Schule."

„Was du nicht geschafft hast", stellte Pottebaum fest.

„Ich habe mein Bestes versucht", erklärte Bongo ernsthaft. „Ich musste ein Taxi nehmen."

„Aber", Pottebaum wunderte sich, „hattest du überhaupt so viel Geld?"

„Natürlich nicht!", sagte Bongo mit fester Überzeugung. „Ich kriege nur einen Euro fünfzig

65

Taschengeld die Woche. Ich musste mir mein Geld verdienen. Ich habe Zeitungen verkauft."

„Woher", wollte Pottebaum wissen, „hattest du die Zeitungen?"

Bongo wirkte etwas kleinlaut. „Die lagen nutzlos im Hauseingang rum." Alle wussten, was er meinte: Zeitungen mit viel Werbung, die umsonst verteilt und in die Hauseingänge gelegt werden. „Was tut man nicht alles, um pünktlich zur Schule zu kommen! Ich weiß, es war nicht richtig. Aber ich musste es tun. Ich rief, so laut ich konnte: ‚Extrablatt! So werden Sie Millionär. Lesen Sie alle Tipps und Tricks.' Da haben die Leute mir die Zeitungen regelrecht aus der Hand gerissen. Auch wenn nur drinstand, dass demnächst ein Fliesengroßmarkt eröffnet." Bongo wirkte plötzlich traurig. „Doch das Unglück kam erst. Kaum war ich ein paar Meter mit dem Taxi gefahren, blieb das Taxi stehen, weil es kein Benzin mehr hatte."

Mit Taxis kannte sich Pottebaum aus. „Davon habe ich noch nie gehört, dass ein Taxi kein Benzin mehr hat."

„Das ist auch sehr ungewöhnlich", bekräftigte Bongo. „Da können Sie sich vorstellen, wie peinlich das dem Taxifahrer war. Der sagte immer:

‚Junge, das darf keiner wissen, das schadet dem Geschäft. Bitte, verrate nichts.' Dann hat er mir zwanzig Euro gegeben und obendrein dreißig Euro Schweigegeld."

„Okay", meinte Pottebaum, „ich will dir glauben, wenn du mir die fünfzig Euro zeigst."

Bongo schüttelte traurig den Kopf. „Die habe ich nicht mehr."

„Ach", Pottebaum frohlockte, „du willst mir wohl erzählen, dass zufällig ein Geier angeflogen kam und dir die fünfzig Euro aus der Tasche gerupft hat!"

„Das nicht", sagte Bongo. „Die habe ich einem Bettler geschenkt. Sie müssen bedenken, dass ich ein schlechtes Gewissen hatte, denn ich hatte die Leute mit der Zeitung betrogen. Mit dem Schweigegeld war ich auch unglücklich. Ich ahnte, dass ich das Geld nicht wert war. Ich hatte hoch und heilig versprochen, nichts zu verraten.

Aber wie ich Sie so kenne, Herr Pottebaum, wusste ich, dass Sie mich dazu bringen würden, mein Versprechen wieder zu brechen. Und so habe ich mich leicht von dem vielen Geld getrennt. Seitdem fühle ich mich irgendwie wohler."

Pottebaum gab auf.

Bongo konnte sich setzen.

Illustriert von Falko Honnen und Gabi Selbach

Marliese Arold

Der Zauberring

Katrin stand vor dem Automaten. Sie betrachtete sehnsüchtig das blaue Fenster. Dahinter lagen lauter Kunststoffkapseln. In manchen waren kleine Dinosaurier aus Plastik, in anderen silbrige Kettchen. In einigen war ein wunderschöner Ring.

Die Ringe hatten es Katrin angetan. So einen musste sie haben! Zögernd steckte sie ein Geldstück in den Schlitz.

„Bitte, lass es einen Ring sein", flüsterte sie, als sie den Griff drehte. Im Kasten rumpelte es. Dann purzelte eine Kapsel heraus. Ein Ring mit einem dunkelroten Stein. Hurra!

Katrin öffnete die Kapsel und streifte den Ring über den Finger. Er passte genau.

„Mein Ring", murmelte Katrin glücklich. „Mein ganz besonderer Ring!" Katrin hockte sich auf eine Mauer und schaute ihren Ring an. Der rote Stein funkelte geheimnisvoll. Ob es ein Zauberring war?

„Ich mach dich stark", flüsterte plötzlich der Ring.

Katrin hielt die Luft an. Hatte der Ring zu ihr gesprochen, oder hatte sie sich bloß getäuscht? Sie wartete, aber der Ring sagte nichts mehr.

Dann rutschte Katrin von der Mauer und ging heim.

Sie trug den Ring die ganze Nacht und auch am nächsten Morgen, als sie zur Schule wollte.

„Wieder so ein Quatsch aus dem Automaten?", fragte Mama, als sie den Ring sah.

Katrin versteckte schnell die Hand auf dem Rücken. „Kein Quatsch", sagte sie trotzig. Sie wusste ja, dass es ein besonderer Ring war!

In der Schule wurde Katrin aufgerufen. Die Klasse hatte ein Gedicht lernen müssen. Das sollte Katrin aufsagen.

„Komm bitte nach vorne, Katrin", sagte die Lehrerin.

Katrin stand auf und ging zur Tafel. Wenn sie im Unterricht aufgerufen wurde, war ihre Stimme oft ganz piepsig. Katrin wusste selbst nicht warum. Die anderen Kinder hänselten sie dann und nannten Katrin eine Piepsmaus.

„Jetzt kommt gleich das Piepsmaus-Gedicht", frotzelte Boris in der ersten Reihe.

Katrin bekam ein knallrotes Gesicht. Verlegen rieb sie ihre schwitzigen Hände. Dabei berührte sie den Ring.

„Ich mach dich stark", flüsterte er.
 Ja, das würde er! Keiner aus der Klasse hatte so einen Zauberring!

Katrin holte tief Luft. Ohne zu stocken, sagte sie ihr Gedicht auf. Ihre Stimme war viel kräftiger als sonst, das merkte sie selbst.

Und die Klasse merkte es auch. Niemand traute sich zu spotten.

„Prima, Katrin", lobte die Lehrerin.

Katrin setzte sich wieder an ihren Platz. Glücklich legte sie die Hand über den Ring. Nur sie wusste, dass es ein Zauberring war.

In der Pause stellte sich Katrin beim Bäcker an. Wie schon so oft wollte sich der lange Achim vordrängen. Er grinste sie frech an. „Piepsmäuse kommen immer zuletzt dran."

„Von wegen", sagte Katrin und ließ ihn nicht vor. „Es geht der Reihenfolge nach. Du wartest!"

Achim schaute dumm. Was war denn mit Katrin los? Warum ließ sie sich heute nicht einschüchtern? Das verblüffte ihn so, dass er gar nicht merkte, als er an die Reihe kam.

„Na, wird's bald?", fragte der Bäcker ungeduldig.

„Äh … eine Brezel wie immer", stotterte Achim.

Als Katrin nach Hause kam, lächelte sie.

„Gibt's was Neues in der Schule?", fragte Mama.

„Ja", antwortete Katrin. „Die anderen ärgern mich nicht mehr."

„So plötzlich?", wunderte sich Mama. „Warum denn das?"

„Das ist jetzt eben so", sagte Katrin nur und verriet nichts. Der Zauberring war ihr Geheimnis.

Illustriert von Alex de Wolf

Manfred Mai

Hitzefrei

Heute ist ein schöner Sommertag. Schon am Vormittag scheint die Sonne kräftig ins Klassenzimmer der 3a. Die Kinder schwitzen und denken mehr ans Freibad als ans Rechnen.

„Wenn es so warm ist, kann ich überhaupt nicht denken", klagt Sarah.

„Ich auch nicht", sagt Rainer. „Mein Kopf macht schon hitzefrei."

„Au ja! Wir machen hitzefrei!", rufen die Kinder.

„Halt, halt", sagt Frau Müller. „Wir können nicht einfach hitzefrei machen." Sie bläst sich die Haare aus der Stirn. „Aber ihr habt Recht, hier drin ist es wirklich viel zu warm zum Lernen. Wisst ihr was? Ihr nehmt jetzt eure Lesebücher, dann gehen wir in den Schulhof und suchen uns ein schattiges Plätzchen."

„Juhu! Spitze! Toll!", jubeln die Kinder.
Frau Müller legt einen Finger an den Mund.
„Aber leise, damit wir die anderen nicht stören."
Auf Zehenspitzen schleichen die Kinder durchs Schulhaus. Sabrina kichert wie immer.
„Schschscht", macht ihre Freundin Hanne.
Draußen setzen sie sich auf eine Treppe in den Schatten. Es weht ein leichtes Lüftchen.

Frau Müller lächelt. „Hier ist es doch viel angenehmer als drinnen."

„Wie Ferien", sagt Rainer.

„Du denkst wohl nur an hitzefrei und Ferien", sagt Frau Müller.

Rainer nickt. „Das gefällt mir an der Schule am besten."

„Aber wir haben noch keine Ferien, sondern Deutschunterricht." Frau Müller schlägt ihr Lesebuch auf. „Und damit uns noch ein bisschen kühler wird, lesen wir jetzt ein Gedicht vom Winter. Schlagt bitte das Lesebuch Seite 26 auf."

Eiskalt

Der Winter lässt die Menschen bibbern
und manches Mal vor Kälte zittern.
Er kriecht durch Mützen, Hosen, Jacken
und will die Menschen eiskalt packen.
Er greift nach Fingern, Nasen, Ohren
und hat schon viele halb erfroren.

Frau Müller liest das Gedicht erst einmal vor. „Friert schon jemand?", fragt sie.

„Ich", sagt Rainer und klappert gekonnt mit den Zähnen.

Die Kinder lachen. Hanne und Andreas lesen das Gedicht laut vor. Während Andreas liest, klatscht plötzlich etwas Weißes dicht neben ihm auf die Treppe.

„Es schneit! Es schneit!", ruft Sarah.

„Iiiii, das ist Vogelscheiße!" Andreas rutscht weg.

„Das gehört eben alles zum Unterricht auf dem Schulhof", sagt Frau Müller.

Andreas liest weiter, die anderen schauen alle ängstlich nach oben.

Frau Müller klatscht in die Hände. „So, jetzt spielen wir das Gedicht."

„Wie, spielen?"

„Ich lese den Winter, und ihr spielt, wie ihr friert."

Frau Müller liest: „Der Winter lässt die Menschen bibbern..."

Zweiundzwanzig Kinder bibbern um die Wette, und das an einem warmen Sommertag.

„... und manches Mal vor Kälte zittern."

Die Kinder zittern am ganzen Körper. Einige klappern mit den Zähnen. Andere stehen auf, tänzeln von einem Bein aufs andere und reiben sich warm.

„Was macht ihr denn da?", fragt plötzlich die Rektorin zum Fenster heraus.

„Uns i-i-ist so-o-o kalt", klappert Rainer. „Wi-i-i-r erfrieren gleich."

„So, so?" Die Rektorin schmunzelt. „Eigentlich wollte ich euch sagen, dass heute Nachmittag hitzefrei ist. Aber wenn es draußen jetzt so kalt ist, ist das ja nicht mehr nötig."

„Doch!", rufen die Kinder und hüpfen vor Freude. „Hitzefrei! Hitzefrei!"

Als sich alle wieder beruhigt haben, sagt Hanne: „Eine Zeit lang habe ich gar nicht mehr gespürt, wie warm es ist."

„Dann hat sich unsere Lesestunde auf dem Schulhof ja gelohnt."

Illustriert von Erhard Dietl

Annelies Schwarz

Blumenwunder

Die Schüler der Klasse 3b hatten eine tolle Idee: Sie wollten für Kinder in einem Waisenhaus in Indien etwas von ihrem Taschengeld spenden. Bei fünfundzwanzig Schülern wären das fünfund- zwanzig Euro, weil jeder einen Euro geben wollte.

„Das ist schon eine ganz hübsche Summe", sagte Frau Zangerl, die Klassenlehrerin. „So können die Kinder dort wenigstens für ein paar Tage Milch und Gemüse zu ihrer Portion Reis bekommen."

Laura fand das natürlich auch gut. Aber wenn sie daran dachte, dass die Kinder an den anderen Tagen nichts anderes als Reis zu essen bekommen, war sie nicht mehr so stolz auf die Klassenspende.

Laura dachte angestrengt nach. Wenn ihr doch bloß einfiele, wie die Klasse zu mehr Geld für die Waisenkinder kommen könnte!

Sie sah aus dem Fenster hinaus. Draußen hatte es zu regnen begonnen. Laura musste an die alte Blumenfrau Marion vom Markt denken. Erst gestern hatte Laura sie an ihrem Marktstand besucht. „Wenn es nicht bald regnet, gehen meine Blumensamen nicht auf. Dann gibt es

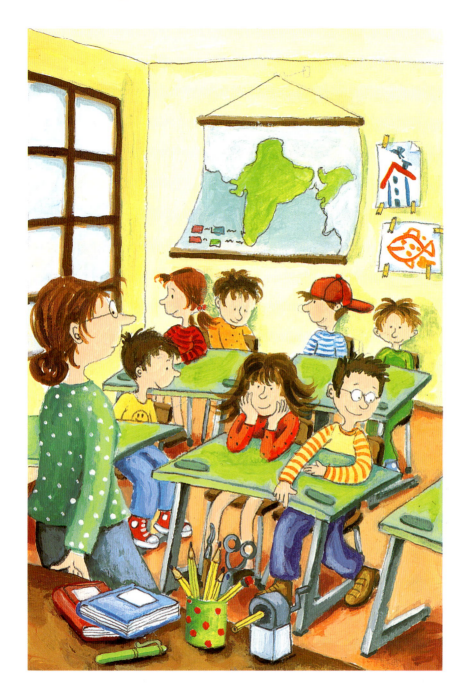

keine Blumen, und ich kann im Sommer nichts verkaufen. Wovon soll ich dann bloß leben?", hatte Marion sie traurig gefragt.

Bei diesem Regen werden Marions Blumensamen sicher aufgehen. Im Sommer wird sie bestimmt wieder wunderschöne bunte Blumensträuße am Markt verkaufen. Plötzlich hatte Laura eine Idee. Blumensträuße, ja, das war es!

Nach der Schule ging Laura wie immer mit Petra zusammen nach Hause. Am Markt stand Marion hinter ihrem Holztisch und verkaufte gerade die letzten Blütenzweige. Laura hatte Petra gleich von ihrer Idee erzählt. Dass sie vom Taschengeld Blumensamen kaufen und die aufgeblühten Blumen im Sommer verkaufen könnten. So könnten sie eine viel größere Summe zu den Kindern nach Indien schicken. Aber erst wollten die beiden Mädchen die alte Marion um Rat fragen.

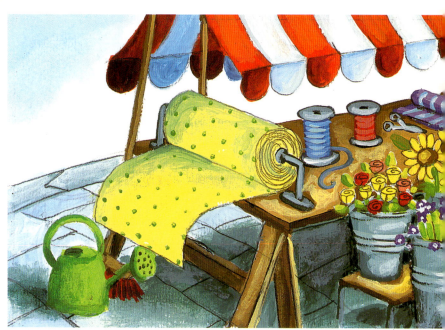

„Wir brauchen deine Hilfe!", sagten sie gleich zur Begrüßung.

„Meine Hilfe? Na, dann schießt mal los, ihr zwei", sagte Marion.

„Welche Blumensamen wachsen schnell?", fragte Laura.

„Und sind nicht zu teuer", ergänzte Petra.

„Und welche Blumen sehen ganz, ganz schön aus?", fragte Laura wieder.

„Mal langsam. Ihr wollt wohl Blumengärtnerinnen werden", sagte Marion lachend.

„Blumenverkäuferinnen", verbesserte sie Laura.

Die Mädchen setzten sich auf eine umgestülpte Kiste neben Marion. Sie erzählten ihr vom Waisenhaus in Indien. Und davon, dass ihr Taschengeld nicht reichte, um den Kindern wirklich zu helfen.

Marion meinte nachdenklich: „Am besten nehmt ihr Lupinen- und Wickensamen. Diese Blumen wachsen schnell und sehen sehr schön aus. Aber sagt mal, wo wollt ihr denn die Blumen überhaupt aussäen?"

Laura hatte an Balkonkästen gedacht und an die Vorgärten von den Häusern der Kinder.

„Wenn ihr wollt, gebe ich euch noch ein Beet aus meinem Garten dazu. Aber umgraben müsst ihr es selber!", sagte Marion.

Die beiden Mädchen liefen voller Freude nach Hause.

Am nächsten Morgen erzählten sie der Klasse von ihrer Idee. „Und stellt euch vor, wir kaufen für fünfundzwanzig Euro Samen und bekommen dafür so viele Blumen, dass wir ganz viele Sträuße verkaufen können!"

Es dauerte nicht lange, bis sie alle überzeugt hatten.

Nur Thomas und Berti fanden es gar nicht gut, zwei Monate lang Blumen gießen zu müssen. Schließlich waren sie aber dann doch bereit mitzumachen.

„Das ist eine Superidee!", sagte Frau Zangerl. Sie schlug der Klasse vor, vom Taschengeld statt vieler kleiner Samentütchen eine große Tüte zu kaufen. Das wäre billiger.

Eifrig machten sich die Kinder an die Arbeit. Marions Beet wurde umgegraben und Blumenerde in die Balkonkästen gefüllt. Vorsichtig legten die Kinder die Lupinen- und Wickensamen in die Erde und begossen die Samenkörner. Nach einer Woche schon zeigten sich die ersten grünen Spitzen über der Erde.

Die Kinder beobachteten gespannt, wie sie weiterwuchsen. Sie warteten viele Wochen. Und dann begann das Blumenwunder. Überall auf den Balkonen der Kinder rankten sich rosa und hellblaue Wicken empor. In den Vorgärten wuchsen gelbe und violette Lupinen zwischen den Rosensträuchern. Sogar am Schulgebäude entlang und am Rand des Schulhofs blühten einzelne Lupinen.

Dann war es so weit. An einem Samstag in der Früh pflückten die Kinder die Blumen. Sie banden hübsche Sträuße und stellten sie in Eimer auf den Fußweg vor der Schule. Thomas schrieb in seiner schönsten Schrift ein Schild: Jeder Strauß 1,50 EUR. Spende für ein Waisenhaus in Indien!

Viele Leute kamen und kauften einen Strauß. Bald hatten die Kinder alle Blumen verkauft und dreiundneunzig Euro in der Kasse! Und am darauf folgenden Samstag verkauften sie fast noch einmal so viele Blumen. Die waren inzwischen in den Beeten nachgewachsen.

„Ehrlich", sagte Thomas zu Laura. „ Ich habe erst gedacht, deine Blumenidee ist nur Spinnerei. Aber sie ist super! Unser Taschengeld hat sich versiebenfacht!"

Zwei Monate später las Frau Zangerl der Klasse einen langen Dankesbrief von den Kindern aus dem Waisenhaus vor.

Illustriert von Sabine Kraushaar

Sport macht Spaß!

Martin Klein

Strandfußball in Brasilien

Erich sitzt am Strand und gräbt seine nackten Füße in den warmen Sand. Vor ihm flitzen braunhäutige Gestalten hin und her. Er beobachtet wieder zwei der vielen Mannschaften, die am Strand unermüdlich Fußball spielen. Ein Spiel findet neben dem anderen statt, so weit man schauen kann. Immer wird barfuß gespielt und meist auf kleine Tore, die aussehen wie beim Eishockey oder einfach aus zwei Holzpflöcken bestehen. Torauslinien gibt es nicht. Auf der einen Seite werden die Spielfelder durch das Meer begrenzt. Auf den anderen durch die nebenan spielenden Mannschaften und die Leute, die ein Sonnenbad nehmen. Manchmal landet ein Ball im Wasser oder auf dem Bauch eines Touristen.

Erich schaut über den Atlantik. „Irgendwo hinter dem Horizont muss Afrika liegen", denkt er. Darüber ist Europa, mit Deutschland mittendrin. Viele tausend Kilometer entfernt. Und doch in nur zehn Stunden zu erreichen. In diesem Moment scheint ihm seine Heimat näher als die Jungen, die nur ein paar Meter entfernt Fußball spielen.

Denn zu Hause bedarf es keiner Frage, ob er mitspielen kann. Natürlich spielt er mit. Immer. Ob in der großen Pause auf dem Schulhof, mit Gustav, Eckhard und Olaf und den anderen aus seiner Klasse, oder am Dienstagnachmittag beim Training seiner D-Jugend.

Erich wirft über die Schulter einen Blick zurück. Dahinten liegen seine Eltern und sonnen sich. Wie immer in den letzten zehn Tagen. Darüber sieht Erich wie immer die Schirme der Palmen. Über die grünen Wedel ragen die Hochhäuser. In einem davon befindet sich das Appartement, in dem Familie Schäfer ihren Brasilien-Urlaub verbringt.

Mensch, zwei Wochen Urlaub in Brasilien! Im Traumland des Fußballs. Großartig klingt das. Erich seufzt. Die letzten zehn Tage waren ganz ähnlich wie die im letzten Jahr auf Mallorca: Strand, Hotel und Restaurant, Restaurant, Strand und Hotel.

Klar, trotzdem ist vieles anders hier in Recife. Die Speisekarten zum Beispiel, die sind nicht auf Deutsch geschrieben. Hamburger und Pommes frites gibt's zum Glück aber auch. Auf Mallorca kommen auch keine bettelnden Kinder vorbei, die etwas abhaben wollen. Sie werden von den Kellnern weggejagt.

„Die armen Kinder", hat Erichs Mutter gesagt und ihnen ein paar Cruzeiros zugesteckt. So heißen die brasilianischen Pfennige. „Obrigado", haben sie geantwortet. Das heißt „danke".

„Du kannst nicht jedem etwas geben", meinte Erichs Vater.

Es gibt hier auch Kinder, die eine Holzkiste umgehängt haben mit Schuhputzzeug drin.

Ein Kind erkennt Erich nun wieder. Der Schuhputzjunge nimmt an dem Spiel teil, dem Erich zuschaut. Mannomann, der kann prima mit dem Ball umgehen. Sein bester Trick besteht darin, sich die Kugel blitzschnell mit der Ferse von einem Fuß auf den anderen zu legen.

Keine Frage, die meisten, die hier spielen, sind echt gut. Sogar der schmächtige Junge mit den beiden Holzkrücken, der das Tor hütet. In einem normal großen Gehäuse hätte er sicher keine Chance, doch in dem kleinen Strandtor hält er klasse. Manchmal, wenn er seine Krücken wie Hockeyschläger benutzt, scheint es sogar, als seien sie ein Vorteil!

Gelegentlich verspringt auch den brasilianischen Strandfußballern der Ball. Und vor dem Tor kochen sie auch nur mit Wasser. So würde es Erichs Trainer ausdrücken.

Erich traut sich das Mitspielen zu.

Doch schon in vier Tagen startet das Flugzeug nach Hause.

Es wird allmählich höchste Zeit zu fragen, ob er mitmachen kann. Sonst muss Erich sich was einfallen lassen, wenn er zu Hause gefragt wird, ob er in Brasilien Fußball gespielt hat.

So nah wie heute saß er noch nie bei den Spielern.

Fast hockt er auf dem Spielfeld.

Wenn er doch nur etwas mehr Mut hätte!

Jetzt landet ein abgefälschter Schuss in seiner Nähe. Erich springt auf, stoppt den Ball elegant und spielt ihn zentimetergenau dem Schuhputzjungen zu. Der hält anerkennend den Daumen hoch und ballt die restlichen Finger am

Handballen zusammen. Eine beliebte Geste in Brasilien. Erich macht dasselbe Zeichen. Der Torwart winkt mit einer seiner Krücken.

„Quer jogar?", ruft er. „Vem! Vem!"

Erich versteht kein Portugiesisch. Aber er weiß genau, worum es geht.

„Klinsmann?!", rufen die brasilianischen Kicker. „Beckenbauer? Möller!"

Erich hört „Kliesma?! Beekebaua? Mola!" Aber er versteht sie genau.

„Pelé!", ruft Erich zurück. „Zico! Ronaldo!"

„Isso!", lacht der Torwart und spielt ihm den Ball zu. Das Spiel geht weiter. Erich ist dabei.

Illustriert von Heribert Schulmeyer

Werner Färber

Die Abkürzung

Familie Birkenhauer ist zum Zelten nach Italien gefahren. Die Fahrräder haben sie auch dabei. Gleich am zweiten Tag brechen sie auf zu einem See, der nicht weit vom Zeltplatz entfernt sein soll. Oliver hat keine Lust auf Radfahren. Er würde nämlich lieber mit Sven spielen, der zwei Zelte weiter wohnt. Marion möchte beim Zelt bleiben und lesen. Aber Mama und Papa bestehen darauf, dass sie mitkommen.

Mama fragt eine alte Frau nach dem kürzesten Weg. Aus dem zahnlosen Italienisch der Frau werden allerdings weder Mama noch Papa schlau. Erst als ein hilfreicher junger Mann hinzukommt, verstehen Mama und Papa, wo es langgeht.

„Mille grazie", sagt Papa anstelle von „danke schön". „In zwanzig Minuten seid ihr im Wasser. Also – kein Gemecker mehr."

Nach einer Dreiviertelstunde sind sie immer noch nicht am See.

„Wie lang dauert es denn noch?", fragt Oliver.

„Fünf Minuten", sagt Papa.

Zehn Minuten später behauptet er wieder, dass sie ganz sicher in fünf Minuten da sein werden.

„Ich hab Hunger", mault Marion. Auch sie hat keine Lust mehr.

Die Familie hält am Straßenrand an. Marion bekommt einen Pfirsich. Oliver leert seine Trinkflasche in einem Zug. Mama und Papa versuchen, sich auf der Landkarte zu orientieren.

„Wir müssten jetzt hier sein", sagt Mama.

„Dann fahren wir auf diesem Feldweg weiter. In fünf Minuten sind wir am See", sagt Papa.

„Ha, ha, schon wieder fünf Minuten", mault Oliver.

Der Feldweg, den Papa als Abkürzung nehmen will, sieht nicht sehr einladend aus. Immer höher steht das Gras auf dem holprigen Weg. Nach zehn Minuten endet er im Nichts.

„Und wo ist jetzt der See?", fragt Marion.

„Ausgetrocknet", sagt Oliver.

„Eigentlich müssten wir längst auf der andern Seite der Bahn sein", sagt Mama.

Papa will noch immer nicht aufgeben. Entschlossen stapft er durchs hohe Gras, bis er

am Zaun einer Viehweide nicht mehr weiterkommt. „Bestimmt ist der Weg auf der andern Seite wieder besser."

Er öffnet das Gatter.

„Und die Kühe?", fragt Marion unsicher.

Papa winkt ab. „Kühe sind friedliche Tiere. Nun kommt schon. Sonst hauen uns die Viecher durchs offene Gatter ab."

Im Gänsemarsch schieben sie die Räder über die Weide. Eine Kuh brüllt. Die Herde setzt sich in Bewegung.

Oliver wagt kaum hinzusehen.

„Mama, die kommen", sagt er.

„Die sind nur neugierig", sagt Mama. Ihre Stimme klingt jedoch ziemlich dünn.

Oliver tritt in einen Kuhfladen. Er versucht, den Schuh im Gras sauber zu wischen. Papa hat inzwischen das Gatter am anderen Ende der Weide erreicht. Mama schiebt ihr Fahrrad als Erste hinaus. Dann kommt Marion, dann Papa.

Die Kühe beschleunigen ihr Tempo. Nur noch Oliver ist auf der Weide.

„Oliver!", ruft Marion. „Pass auf!"

Oliver sieht sich um. Die ganze Herde trampelt auf ihn zu. Jetzt aber los! Sein Hinterrad hüpft und tanzt über Erdhügel und Grasbüschel. Die Kühe holen auf.

„Lauf, Oliver! Mach schon!", ruft Papa. Er lässt sein Fahrrad fallen und kehrt mit ausgebreiteten Armen auf die Weide zurück. „Hussa! Heia!", brüllt er. „Haut ab!"

Oliver rennt an ihm vorbei von der Weide. Papa fuchtelt wild mit den Armen und läuft rückwärts. Endlich dreht er sich um und bringt die letzten

Meter im Sprint hinter sich. Mama schiebt im letzten Moment den Riegel am Gatter vor. Brüllend und schnaubend bleiben die Kühe stehen.

„Friedliche Tiere", stößt Oliver hervor.

„Das sind keine Kühe", sagt Mama.

„Was sonst?", fragt Marion. „Hühner?"

„Junge Bullen", sagt Mama.

Der Weg hinter der Weide ist um keinen Deut besser als das letzte Stück davor. Umkehren will trotzdem niemand. Lieber folgen sie über Stock und Stein dem schmalen Trampelpfad unterhalb der Bahngleise. Bremsen und Stechmücken fallen über sie her.

Endlich gelangen sie an die gesuchte Unterführung. Nach über zwei Stunden erreichen sie erschöpft und zerstochen den See.

Im Schatten eines Feigenbaumes breiten sie ihre Badelaken aus. Da watschelt Sven vom Campingplatz mit Flossen, Taucherbrille und Schnorchel an ihnen vorüber.

„Was machst du denn hier?", ruft Oliver ihm zu.

„Baden. Was sonst?", erwidert Sven.

„Und wie bist du hergekommen?", fragt Marion.

„Getaucht wahrscheinlich", sagt Papa.

„Ach wo", sagt Sven. „Wir sind gelaufen."

„Gelaufen?", fragt Marion erstaunt. „So weit?"

Sven schaut sie überrascht an. „Wieso weit? Der Zeltplatz ist doch gleich bei dem Wäldchen da drüben." Er dreht sich um und zeigt ihnen die Richtung. Tatsächlich, zwischen den Bäumen kann man die Zelte sehen.

„Wieso kommt ihr eigentlich jetzt erst?", fragt Sven. „Wir sind schon seit zwei Stunden hier."

Familie Birkenhauer sagt zunächst einmal gar nichts. Mama fährt sich mit dem Handrücken über die verschwitzte Stirn. Papa schüttelt fassungslos den Kopf. Marion sinkt wortlos im Sand nieder.

Oliver fängt sich als Erster: „Meine Eltern haben eine Abkürzung gefunden."

Illustriert von Julia Drinnenberg

Manfred Mai

Das Entscheidungsspiel

Marc ist der beste Fußballer in der Schüler-
mannschaft des FV Ebingen. Sein Trainer sagt,
er sei ein großes Talent. Niemand zweifelt daran,
am wenigsten Marc selbst. Und so spielt er auch.
Mehr für sich als für die Mannschaft. Seine
Mitspieler sind für Marc nur dazu da, ihm die
Bälle schön zuzuspielen, damit er dann glänzen
kann.

Heute will Marc sich besonders anstrengen,
denn heute ist ein wichtiges Spiel für ihn. Gegen
den FC Hechingen geht es um den Bezirks-
meistertitel. Und kurz vor dem Anpfiff erfahren die
Jungen, dass ein Trainer des Württembergischen
Fußballverbandes unter den Zuschauern ist. Der

sucht Spieler für die württembergische Auswahl-
mannschaft. Deshalb sind alle furchtbar nervös.

„Beide Mannschaften fertig?", fragt der Schiedsrichter und pfeift das Spiel an.

Ebingen hat Anstoß. Wie immer schiebt Jasper
den Ball zu Marc. Der startet sofort einen Allein-
gang. Elegant umkurvt er die ersten beiden Gegenspieler. Der dritte will Marc in die Beine grätschen.
Im letzten Augenblick spielt Marc den Ball am
Gegner vorbei und springt hoch. Der Hechinger
rutscht unter Marc hindurch.

„Marc!", ruft Benni, der sich rechts freigelaufen
hat.

Marc sieht Benni, aber er spielt nicht ab. Er will
auch den vierten Gegner umspielen. Dann kann
er aufs Tor schießen. Gleich in der ersten Minute
ein Tor, das wär was!

„Marc, spiel endlich ab!", schreit Benni.

Marc denkt nicht dran. Er sieht nur noch das Tor
vor sich. Und schon ist der Ball weg.

„Mist!", schimpft Marc, bleibt stehen und schaut
dem Hechinger hinterher.

Benni läuft zurück, erkämpft sich den Ball, spielt
zu Jasper und läuft sich sofort wieder frei.

„Jasper!", ruft Marc.

Und Jasper schiebt ihm den Ball zu, obwohl
Benni besser steht. Marc tut so, als würde er nach
rechts zu Benni spielen, und lässt seinen Gegner

105

mit einer kurzen Körperdrehung ins Leere laufen. Toll gemacht! Sofort bietet sich Benni zum Doppelpass an. Aber Marc versucht es wieder allein und schießt knapp neben das Tor. So geht es die ganze erste Halbzeit. Und in der Pause sind Marcs Mitspieler ziemlich sauer.

„Wir könnten mindestens schon 3:0 führen, wenn du öfter abspielen würdest", schimpft Axel, der Libero.

„Immer soll ich alles machen", wehrt sich Marc.

„Du sollst gerade nicht alles machen", motzt Benni. „Wir sind ja auch noch da."

„Fußball ist ein Mannschaftsspiel", sagt der Trainer zu Marc. „Wann wirst du das endlich begreifen?"

Marc hört nicht mehr zu. Er denkt nur an eines:

„Ich muss in die württembergische Auswahl kommen." Und so spielt er auch in der zweiten Halbzeit. Ich! Ich! Ich!

Alle sehen, dass er prima mit dem Ball umgehen kann, sehr dribbelstark ist und einen tollen Schuss hat. Aber alle sehen auch, dass er sehr eigensinnig ist und oft nicht abspielt, wenn er abspielen müsste. Dadurch bringt er seine Mannschaft heute immer wieder in Schwierigkeiten. Und obwohl die Ebinger deutlich überlegen sind, steht es zehn Minuten vor Schluss noch immer 0:0.

Da spielen sich Jasper und Benni mit einem doppelten Doppelpass durch die Hechinger Abwehr, und Benni zirkelt den Ball mit viel Gefühl

ins rechte obere Toreck. Seine Mannschaftskameraden erdrücken ihn fast vor Freude.

Nur Marc freut sich nicht. Er bindet seinen Schuh, obwohl der Schnürsenkel gut saß. Dabei tropfen Tränen auf den Boden. Denn Marc ist sicher: Wenn nach diesem Spiel einer aus Ebingen in die württembergische Auswahl kommt, dann wird es Benni sein, nicht er.

Illustriert von Erhard Dietl

Elisabeth Zöller

Erste oder zweite Gruppe?

Die ganze Ballettgruppe ist da. Heute schaut sich die Ballettlehrerin jeden Einzelnen genau an. Sie möchte sehen, wer in die zweite, die Fortgeschrittenengruppe, kommt – oder wer noch weiter die Grundpositionen üben muss.

    Die Lehrerin sagt freundlich: „Nicht jeder kann alles. Das wisst ihr. Es gibt welche, die sehr schnell alles konnten. Es gibt andere, denen

manches schwerer fällt. Die können dafür aber etwas anderes."

„Oh, hoffentlich, hoffentlich kann ich alles!", denkt Andrea. Vier Kinder sind schon fertig. Zwei machen weiter in der ersten, zwei kommen in die zweite Gruppe. Jetzt ist Andrea dran.

„Erste Position … dritte Position, Plié … Sehr schön!"

Andrea zittert richtig von innen. Dabei hat Mama ihr extra gesagt: „Andrea, es spielt doch gar keine Rolle. Tanz nur, so gut du kannst."

Andrea geht, als wenn sie versinken müsste. Sie zittert. Nein, Spagat kann sie nicht. Das stimmt. Andrea fühlt sich, als wäre sie hinter einer Glaswand, weit, weit weg von allen.

Sie hört hinter dieser Glaswand die Stimme der Lehrerin: „Nicht jeder kann alles …", und danach hört sie „erste Gruppe". Und als sie sich umdreht, streckt Dorothee ihr die Zunge raus. Dorothee ist doof. Die mag Andrea überhaupt nicht. Aber die ist in Gruppe zwei.

Ganz komisch fühlt sich Andrea, gar nicht lebendig. Und sie geht wie automatisch zu Marie, die auch in Gruppe eins bleiben muss, und stellt sich neben sie. Da legt plötzlich jemand einen Arm um Andrea. Das ist Marie. Sie drückt Andrea ganz fest. Da drückt Andrea zurück.

Ob Marie auch so traurig ist? Bestimmt.

110

Andrea schaut zu Marie. Marie zwinkert ihr zu. Da müssen auf einmal beide lachen. Auf einmal macht es Andrea fast nichts mehr aus. Sie steht da mit Marie – und zusammen gehen sie wieder in Gruppe eins.

Als Mama Andrea abholt, fragt sie natürlich: „Wie war's?"

„Gut", sagt Andrea. Und dann erzählt sie alles. „Und Marie will auch zum Spielen kommen. Und dann üben wir."

„Toll", sagt Mama. „Ich freue mich, dass Marie kommt. Aber am meisten freue ich mich, dass du trotz der Enttäuschung wieder so lustig geworden bist. Das ist eine noch größere Kunst als das, was ihr getanzt habt."

„Vielleicht", sagt Andrea. „Vielleicht und vielleicht auch nicht."

„Der eine kann dies, der andere das", murmelt Mama. „Nicht jeder kann alles."

Illustriert von Charlotte Panowsky

Werner Färber

Nie wieder Schlusslicht

Neun lange Runden ist Jan das Schlusslicht gewesen. Jetzt hat er genug. Kurz vor dem Ende der zehnten und letzten Runde setzt er zum Überholen an. In dieser unübersichtlichen Kurve ist das zwar verboten, aber das ist Jan jetzt egal. Er muss einfach an die Spitze. Und von vorne kann sowieso nichts kommen.

Jan schaltet einen Gang herunter, um zu beschleunigen. Seine Beine stampfen bald zweimal so schnell auf und ab wie die der anderen Kinder. Schon ist er Vorletzter, Drittletzter, Viertletzter. Hundert Meter vor dem Ziel hat er einen Mittelplatz erobert. Wird er das restliche Feld auch noch überholen? Jan fühlt sich gut. Er wird es schaffen. Seine Beine funktionieren wie zwei Uhrwerke. Auf, ab, auf, ab, auf, ab. Nur noch vier sind vor ihm, noch drei, noch zwei, noch einer. Jan ist als Erster im Ziel. Jubelnd reißt er die Arme hoch. Der Beifall bleibt allerdings aus.

Alle Kinder halten an und stellen ihre Räder ab. Sie versammeln sich rings um die beiden Polizisten. Das vierte Treffen auf dem Verkehrsübungsplatz geht zu Ende. Nächste Woche folgt die Prüfung für den Fahrradführerschein.

„Wie war gleich dein Name?", wendet sich der eine Polizist an Jan.

„Jan Zülke."

„Wir hatten doch vereinbart, die Reihenfolge bis zum Schluss beizubehalten, Jan. Du bist ausgeschert, ohne nach hinten zu sehen. Du hast in einer unübersichtlichen Kurve überholt. Und am Ende bist du auch noch freihändig gefahren. Im richtigen Verkehr ist das lebensgefährlich. Und wenn du das nächste Woche bei der Prüfung genauso machst, können wir dir ganz bestimmt keinen Führerschein geben."

Jan bläst die Backen auf. „Weiß ich doch alles.

Aber ich muss seit vier Wochen immer als Letzter fahren. Bloß weil ich im Alphabet ganz hinten komme. Das macht keinen Spaß."

Die Polizisten sehen einander an. „Hilft es dir, wenn wir nächste Woche in umgekehrter Reihenfolge starten?", fragt der eine.

„Wirklich?"

„Ja, klar, kein Problem", antworten beide Polizisten.

Jan ballt die Siegerfaust. Jetzt ist er ganz sicher, dass er die Fahrradprüfung nächste Woche locker bestehen wird.

Illustriert von Julia Drinnenberg

Manfred Mai

Jenny legt los

„Papa, fahr schneller", sagt Jenny. „Oder nein, fahr lieber langsamer."

„Ja, was denn nun?", fragt Papa.

Jenny kaut an ihren Fingernägeln herum. „Wenn ich nur schon wüsste, gegen wen ich spielen muss. Hoffentlich nicht gegen Lea!"

Mama dreht sich nach hinten. „Sei doch nicht so nervös, Kind."

Mama hat leicht reden. Sie fährt nur mit zum Zuschauen. Sie muss ja nicht spielen. Für Jenny ist es die erste Bezirksmeisterschaft, an der sie teilnimmt. Sie freut sich darauf, und gleichzeitig hat sie auch ein bisschen Angst davor.

„Egal, gegen wen du spielen musst, du spielst, so gut du kannst", beruhigt sie Papa. „Du darfst dich nur nicht verrückt machen, das ist das Wichtigste." Papa biegt in den Parkplatz ein und hält.

Jenny springt aus dem Auto, nimmt ihre Tasche und meldet sich bei der Turnierleitung. „Gegen wen muss ich zuerst spielen?", fragt sie.

„Gegen Stefanie Geiger", antwortet eine Frau.

„Kennst du die?", möchte Mama wissen.

Jenny schüttelt den Kopf.

Es dauert nicht sehr lange, bis Jenny aufgerufen wird. Und obwohl sie ziemlich nervös ist, gewinnt sie gegen Stefanie Geiger ohne Probleme.

Jenny strahlt, als sie vom Platz kommt. Sie möchte am liebsten gleich gegen ihre nächste Gegnerin spielen. Aber zuerst einmal heißt es warten.

Die Zeit vergeht so langsam wie vor der Bescherung an Weihnachten. Jenny soll etwas essen, bringt aber nichts hinunter. Dafür muss sie dreimal aufs Klo, bis sie endlich wieder aufgerufen wird.

Vanessa Schulz ist ihre nächste Gegnerin. Und auch gegen sie gewinnt Jenny. Damit steht sie im Halbfinale.

Papa und Mama nehmen sie begeistert abwechselnd in die Arme. „Gratuliere, Jenny! Du warst super!"

Jenny weiß gar nicht, was sie sagen soll. Das Halbfinale findet erst am nächsten Tag statt. Und diesmal fahren sie so rechtzeitig los, dass Jenny sich vor dem Spiel gut aufwärmen kann. Papa gibt ihr noch ein paar letzte Tipps. Jenny nickt zwar manchmal, aber sie hört gar nicht mehr zu.

Jennys Gegnerin ist Johanna Bansch, eine der großen Favoritinnen.

Am Anfang hat Jenny großen Respekt vor Johanna und gerät schnell mit 0:3 in Rückstand.

Doch je länger das Match dauert, desto mutiger wird Jenny. Johanna verfügt zwar über die besseren Grundschläge, aber Jenny ist sehr schnell auf den Beinen. Sie erläuft die meisten Bälle und bringt fast alle zurück.

Johanna wird immer ungeduldiger, will die Punkte erzwingen und macht immer mehr Fehler. Jenny verkürzt den Rückstand, schafft es aber nicht mehr, den ersten Satz zu gewinnen. Trotzdem spürt sie, dass sie Johanna schlagen kann.

Das merken auch einige andere Mädchen und ihre Eltern. Sie feuern Jenny an. Diese Unterstützung tut ihr gut. Sie spielt immer besser,

verteidigt nicht mehr nur, sondern greift auch an und macht tolle Punkte.

Johanna ist es nicht gewohnt, dass eine Außenseiterin so gegen sie spielt. Sie schaut Hilfe suchend zu ihren Eltern. Die geben ihr Zeichen und versuchen, sie aufzumuntern. Aber es hilft nichts. Johanna wird immer unkonzentrierter und macht viele Leichtsinnsfehler.

Als sie den zweiten Satz verliert, fängt sie an zu heulen. Und im dritten Satz humpelt sie beim Stand von 2:0 für Jenny vom Platz und gibt auf.

Zuerst ist Jenny unsicher. So etwas hat sie noch nie erlebt. Erst als sie von allen Seiten beglückwünscht wird, glaubt sie, dass sie gewonnen hat.

„Bin ich jetzt im Endspiel?", fragt Jenny.

„Ja!", antwortet Papa und drückt seine Tochter an sich.

Jenny kann es noch gar nicht richtig fassen. Gleich bei ihrer ersten Bezirksmeisterschaft steht sie im Endspiel. Das ist mehr, als sie sich erträumt hat.

Illustriert von Erhard Dietl

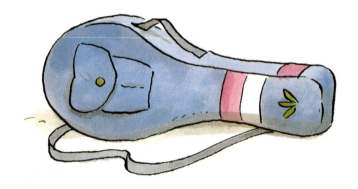

Martin Klein

Als Salomon einmal zweimal ins Schwarze traf

Hat diese oder hat jene Mannschaft Einwurf? Hat der Verteidiger ein Foul begangen, oder hat er den Ball gespielt? Ist ein Foulspiel im Strafraum passiert oder außerhalb?

Solche Fragen ergeben sich weltweit bei jedem Fußballspiel, also wird stets eine Person gebraucht, die darauf unparteiische Antworten gibt. Ohne sie ist Fußball kaum möglich. Salomon Neutrum, der in Schwarz gekleidete Held dieser Geschichte, ist so eine wichtige Person.

Er ist kein Schornsteinfeger, obwohl er manchmal Glück bringt. Auch kein Beerdigungsunternehmer, obwohl er manchmal Trauer verbreitet. Ebenso wenig ist er ein Theaterbesucher im dunklen Frack, obwohl er immer wieder an Schauspielvorstellungen teilnimmt.

Salomon Neutrum ist natürlich Schiedsrichter.

Seit vielen Jahren streift er die schwarze Kluft über, um Fußballspiele zu leiten. Er gibt sich immer viel Mühe, seine Sache so gut wie möglich zu machen, und meistens klappt es. Aber so, wie auch einem guten Spieler nicht ständig alles

gelingt, so unterläuft auch einem guten Schiedsrichter von Zeit zu Zeit ein Fehler. Sonst wäre er kein Mensch, sondern eine Schiedsrichter-Maschine.

Viele Fans und Fußballer wollen das nicht einsehen und nehmen dem Schiedsrichter jeden noch so kleinen Fehler übel. Noch unangenehmer für den Unparteiischen sind aber diejenigen, die auch mit richtigen Entscheidungen grundsätzlich nicht einverstanden sind.

Mit solchen Sportsfreunden hat Salomon es heute zu tun. Eintracht Neudorf gegen Spielvereinigung Altstadt lautet die Spielpaarung. Zwietracht Neudorf und Streitvereinigung Altstadt wären allerdings passendere Namen. Zwei unverbesserliche Meckertruppen treffen da nämlich aufeinander. Kein Wunder, dass sie keine Zuschauer haben. Die einzigen Leute am Spielfeldrand sind die beiden Trainer und ein paar Ersatzspieler.

Salomon kennt die beiden Mannschaften genau. Was er auch pfeift, sie finden seine Entscheidungen immer falsch. Selbst kilometerweites Abseits akzeptieren sie nicht, nicht einmal einen lupenreinen Handelfmeter.

Es gibt nur eine einzige Sache, in der sie immer einig sind: Schuld ist der Schiri!

Salomon hat wirklich die Nase voll davon.

Doch wie immer pfeift er das Spiel an.

Nach zehn Spielminuten gibt es die erste Ecke für Altstadt. „He, Schiri, ich hab den Ball gar nicht berührt!", schreit der Abwehrspieler von Neudorf, der den Ball ins Toraus gelenkt hat.

„Schiedsrichter, Telefon!", ruft der Neudorfer Trainer.

Etwas später foult ein Altstädter seinen Gegenspieler. Natürlich entscheidet Salomon auf Freistoß für Neudorf.

„Was soll das, Schiri, ich hab ihn gar nicht berührt!", brüllt der Altstädter.

Salomon zeigt ihm die gelbe Karte.

„Blindfisch!", schimpft der Altstädter Trainer.

Wenig später stoppt ein Altstädter den Ball ganz knapp an der Außenlinie, auf Höhe des Mittelkreises. Der Ball verspringt. War er draußen oder nicht? Salomon schaut schnell zum Linienrichter, doch der passt gerade nicht auf. Salomon pfeift Einwurf für Neudorf.

126

„Waas?!" Wutentbrannt baut sich der Altstädter vor ihm auf. „Der war noch im Spiel, Schiri, das musst du doch sehen!"

„Schiebung, Schiebung!", schreien die Altstädter Ersatzspieler, und einer schwenkt eine gelbe Fahne mit drei schwarzen Punkten.

„Wenn es so weitergeht, könnt ihr was erleben", denkt Salomon.

Und es geht so weiter.

Die Altstädter holzen wie Waldarbeiter, und die Neudorfer bolzen wie Kegelbrüder. Die Schuld an diesem groben Durcheinander geben sie natürlich wie immer dem Schiedsrichter.

Zur Halbzeit steht es null zu null.

„Schiri, kauf dir 'ne Brille!", ruft der Altstädter Spielführer.

„Mit so einem Schiri können wir nicht gewinnen", verkündet ein Neudorfer mit giftigem Blick.

Doch in Wirklichkeit spielen beide Mannschaften so schlecht, dass auch nach drei Stunden Spielzeit kein Tor fallen wird.

„Na, wartet", denkt Salomon. „Jetzt habe ich aber genug. Ihr werdet Augen machen."

In der 65. Minute ist es so weit. Nach einer Ecke für Neudorf steht Salomon im Strafraum goldrichtig. Unhaltbar köpft er den Ball in die Maschen.

1:0!

Die Altstädter stehen da wie gelähmt.

„Tut mir Leid", sagt Salomon. „Ich konnte nicht
mehr ausweichen."

„Zählt der etwa?!", stottert der Spielführer der
Altstädter.

„Natürlich." Salomon nickt. „Wenn der Schiedsrichter angeschossen wird, läuft das Spiel weiter.
Und wenn der Ball dabei im Netz landet, zählt
das Tor."

„Wir legen Protest ein!", brüllt der Altstädter
Trainer.

Seine Kicker kochen vor Wut, aber sie spielen
weiter. Denn verlieren wollen sie nicht. Doch um
ein Tor zu erzielen, brauchen sie Hilfe. Allein
schaffen sie das nie. Also lauert Salomon in der
restlichen Spielzeit immer wieder unauffällig im
Strafraum der Neudorfer auf seine Chance. Kurz
vor Schluss fällt ihm der Ball nach einem wie
immer schwachen Altstädter Torschuss vor die
Füße.

Er zieht voll ab. Der Neudorfer Torwart hat keine
Chance.

1:1.

Das ist das gerechte Endergebnis. Salomon
Neutrum ist wie immer unparteiisch geblieben.

Illustriert von Heribert Schulmeyer

Cordula Tollmien

Idiotische Spiele

Julian ist sauer. Papa hat ihm seinen Gameboy weggenommen. „Beschlagnahmt für die Dauer der Ferien", hat er gesagt. „Damit du nicht ständig auf dieses bescheuerte Ding glotzt, sondern auch mal was von Land und Leuten siehst. Dafür fahren wir schließlich ins Ausland. Deine idiotischen Spiele kannst du zu Hause spielen."

Julian ist so sauer, dass er nicht mehr mit Papa redet. Die ganzen Ferien wird er kein Wort mehr mit ihm sprechen. Und deshalb sitzt Julian jetzt hier auf der Kaimauer und baumelt mit den Beinen. Mama und Papa besichtigen den Ort allein. Damit er ihnen mit seiner schlechten Stimmung nicht alles verdirbt. Julian soll hier auf sie warten. Und wehe, wenn er sich von der Stelle rührt. Aber Julian hat sowieso keine Lust, sich zu rühren. Er bewegt sich überhaupt nicht gern.

„Hey", sagt plötzlich eine Stimme.

Vor Julian steht ein fremder Junge, grinst ihn an und sagt irgendetwas. Julian versteht ihn nicht. Er kann kein Türkisch. Doch das macht dem anderen überhaupt nichts aus. Er redet einfach weiter und zieht Julian dabei am Ärmel. Dann geht er los und winkt Julian, dass er mitkommen soll.

Warum eigentlich nicht? Die ganze Zeit auf der Mauer rumsitzen ist langweilig, und die Eltern kommen bestimmt nicht so bald.

Julian springt von der Mauer und folgt dem Jungen. Der winkt ihn immer weiter, und als Julian zögert, fasst er ihn am Arm und zieht ihn hinter sich her. So ganz geheuer ist Julian das nicht, aber umkehren mag er auch nicht. Sie klettern über einen Wall aus Steinen. Dahinter liegt ein freier Platz, und dort stehen fünf, nein, sechs Jungen.

Einer von ihnen ist schon ziemlich groß, die anderen sind etwa so alt wie Julian. Alle starren ihn neugierig an.

Am liebsten würde Julian jetzt doch abhauen. Der, der ihn mitgebracht hat, redet auf die anderen ein, und die nicken alle und lachen freundlich. Das macht Julian wieder Mut. Dann kommt der Große auf ihn zu und gibt ihm die Hand. „Ich bin Osman. Willst du mitspielen?"

Julian ist so überrascht, dass er nur nickt.

„Wie heißt du?", fragt Osman.

Da findet Julian seine Sprache wieder und sagt nicht nur seinen Namen, sondern fragt Osman auch gleich, wieso er Deutsch kann.

„Ich komme aus Berlin", antwortet der. „Wir wohnen dort. Bin auch nur zu Besuch hier."

Na klar, das hätte Julian sich auch denken können. In seiner Klasse sind schließlich auch drei Türken. Aber dass die hier aus diesem Land kommen, in dem er Ferien macht, daran hat er bis jetzt noch gar nicht gedacht.

„Komm", sagt Osman. „Wir schießen Blechdosen mit Steinen von dem Felsen runter. Willst du auch mal versuchen?"

Julian nimmt einen Stein auf und wirft. Daneben! Die anderen lachen. Julian versucht es noch einmal. Der Stein fliegt nicht ganz so weit an der Dose vorbei ins Meer wie der erste. Danach wirft Osman und trifft. Alle nicken anerkennend. Julian fühlt sich ziemlich blöd. Aber dann probieren es die anderen und treffen auch nicht alle.

Als sie irgendwann keine Lust mehr zum Zielwerfen haben, spielen sie Fußball mit der Dose. Julian schießt sogar ein Tor, und die anderen schlagen ihm dafür auf die Schulter. Julian hat in seinem ganzen Leben noch nie ein Tor geschossen beim Fußball. Er ist mächtig stolz.

Aber dann fährt ihm plötzlich der Schreck in die Glieder. Die Eltern! Die warten bestimmt schon auf ihn. Er verspricht, dass er morgen wiederkommt, und rennt los.

Und tatsächlich: Papa brüllt schon von weitem.

Nur weil Mama so froh ist, dass er wieder da ist und ihm nichts passiert ist, hört er schließlich auf, und Julian kann erzählen, wo er war.

„Siehst du", sagt Mama danach zu Papa, „hättest du ihm seinen Gameboy gelassen, wäre er auch nicht weggelaufen. Du wolltest doch immer, dass er Sport macht."

Julian denkt, er hört nicht recht. Noch mehr staunt er aber, als Papa antwortet: „Du hast ja Recht. Ich geb ihm das Ding sofort zurück. Da weiß ich doch wenigstens, wo der Junge ist und was er macht."

„Nein danke, Papa", lehnt Julian höflich ab. „Ich will morgen lieber wieder zu Osman und den anderen. Meine idiotischen Spiele kann ich ja auch zu Hause spielen."

Da ist Papa so erstaunt, dass er nur den Mund auf- und zuklappt und überhaupt nichts mehr sagt. Noch nicht einmal, als Mama und Julian anfangen zu lachen. Dabei kann Papa es überhaupt nicht leiden, wenn man über ihn lacht.

Illustriert von Lucy Keijser

Meine Freunde sind die besten

Milena Baisch

Liebe Paula

„Ich werde euch vermissen", denkt Marie. Sie sitzt an ihrem Fenster und beobachtet die Vogelfamilie auf dem Apfelbaum. Bald können die Kleinen fliegen. „Aber dann bin ich in der neuen Wohnung, und keiner guckt ihnen zu."

Alles hat Marie miterlebt: wie die Vogeleltern das Nest gebaut haben, wie die Vogelmutter ihre Eier gelegt hat und wie die Vogelbabys zum ersten Mal gezwitschert haben. „Blöder Umzug!", denkt Marie. „Warum kann ich nicht bei euch bleiben?"

„Huhu! Marie!", ruft da plötzlich jemand.

Marie guckt nach unten. Neben dem Möbelwagen steht ihr Vater und winkt wie wild. Sie soll endlich runterkommen, heißt das.

Unten auf dem Gehweg steht ein Mädchen mit ihren Eltern. „Das ist Familie Schubert. Sie ziehen nächste Woche in unsere alte Wohnung ein", sagt Maries Mutter. „Ihre Tochter Paula geht auch in die Dritte, genau wie du."

Das Mädchen grinst.

„Willst du mal mein Meerschweinchen sehen, Paula?", fragt Marie.

„Klar!", sagt Paula.

Die beiden Mädchen gehen nach oben in Maries Zimmer. Dort sieht es ganz kahl aus. Alle Bilder sind abgehängt, überall stapeln sich Kisten, und mittendrin steht der Käfig mit Pfiffi, dem Meerschweinchen.

„Darf ich's auf den Arm nehmen?", fragt Paula. „Ich hab auch ein Meerschweinchen."

Marie nickt. „Aber sei vorsichtig, Pfiffi will immer weglaufen."

Paula nimmt Pfiffi auf den Arm und streichelt ihn. Der fühlt sich so wohl, dass er mit seiner Nase in Paulas Ellbogen wühlt.

„Zieh doch in mein Zimmer!", sagt Marie. „Dann wohnt hier wieder ein Meerschweinchen."

Paula nickt. „Au ja! Und den Käfig stell ich dahin, wo jetzt Pfiffis Käfig steht."

In der neuen Wohnung ist alles ganz anders. Sie ist in einem richtigen Hochhaus mit 23 Stockwerken. Fünfmal am Tag fährt Marie mit dem Fahrstuhl rauf und runter. Manchmal nimmt sie heimlich Pfiffi mit, denn allein macht das keinen Spaß.

"Such dir doch Freunde zum Spielen", schlägt Maries Mama vor.

"Das klappt nicht", sagt Marie. "Ich hab es wirklich versucht. Erst wollte ich mit den Jungs Fußball spielen. Ich hab den Torwart gefragt, ob sie noch jemand brauchen. Der hat ganz laut gerufen: ‚Was? Du bist doch ein Mädchen!' Das haben die anderen gehört, und alle haben gelacht. Da trau ich mich nicht mehr hin."

"Und was machen die Mädchen?"

"Die spielen Gummitwist oder Himmel und Hölle. Das find ich aber doof. Außerdem kichern die immer. Ich glaub wegen mir."

Mama streicht Marie über den Kopf. "Sei nicht traurig, du findest schon noch Freunde."

Aber Marie hat keine Lust mehr zu suchen. Es gibt nur einen Freund, der wirklich zu ihr hält. Den nimmt sie jetzt aus seinem Käfig. "Komm, Pfiffi, wir grübeln!", sagt sie. Dann guckt sie ihn so lange an, bis die super Idee da ist. „Ich schreibe einen Brief. Und zwar an meine eigene alte Adresse!", erklärt sie Pfiffi. Schnell holt sie Briefpapier und schreibt:

Liebe Paula!
Wie geht es dir? Mir ist langweilig. Die neue Wohnung mag ich. Aber andere Kinder kenn ich noch nicht. Wir wohnen im achten Stock und haben einen Fahrstuhl.
Warst du schon beim Kiosk an der Ecke? Wenn du hingehst, probier mal das rosa Esspapier. Es schmeckt toll!
Deine Marie
P.S.: Schreibst du mir zurück?

Marie steckt den Brief in einen Umschlag und bringt ihn gleich zum Briefkasten.

Schon nach vier Tagen bekommt sie eine Antwort von Paula. Vor Freude macht Marie einen Luftsprung. Dann reißt sie den Umschlag auf und liest:

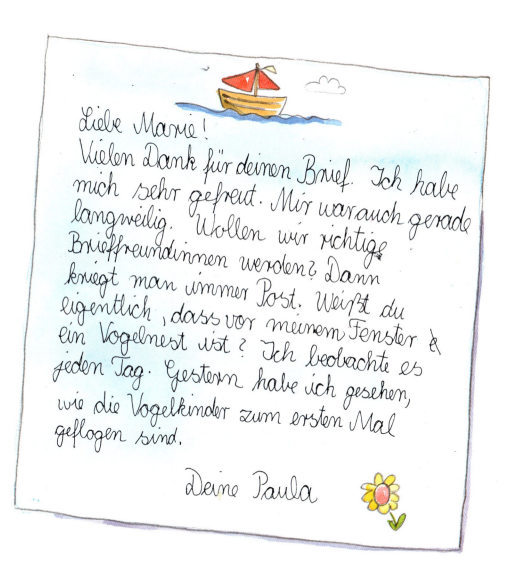

Liebe Marie!
Vielen Dank für deinen Brief. Ich habe mich sehr gefreut. Mir war auch gerade langweilig. Wollen wir richtige Brieffreundinnen werden? Dann kriegt man immer Post. Weißt du eigentlich, dass vor meinem Fenster ein Vogelnest ist? Ich beobachte es jeden Tag. Gestern habe ich gesehen, wie die Vogelkinder zum ersten Mal geflogen sind.

Deine Paula

Illustriert von Dorothea Tust

Cornelia Funke

Die Flaschenpost

Der achte Urlaubstag fing genauso an wie die anderen. Gleich nach dem Frühstück fuhren sie alle an den Strand. Mias Vater verzog sich in den Schatten und las Zeitung, Mama und Nora, Mias große Schwester, cremten sich ein, bis sie glänzten, und legten sich in die Sonne.

Zuerst vertrieb Mia sich die Langeweile damit, dass sie „Salzen und Pfeffern" spielte und Nora Sand auf den eingecremten Bauch streute. Meistens machte Nora das so wütend, dass sie Mia den ganzen Strand entlangjagte, was ziemlichen Spaß machte. Aber heute wischte Nora sich bloß den Sand vom Bauch und sagte, ohne die Augen zu öffnen: „Bau dir 'ne Sandburg, Kleine, und kriech ganz tief rein, ja?"

Mia hatte natürlich keine Lust, alberne Baby-Sandburgen zu bauen, und für eine richtig große Sandburg war kein Platz zwischen all den Bäuchen und Beinen. Also hockte Mia nur da, bohrte die Zehen in den Sand, starrte aufs Meer hinaus und guckte alle zehn Minuten auf ihre wasserfeste Uhr. Um eins ging ihr Vater immer mit ihr Eis essen. Aber das dauerte noch ewig.

Das Meer leckte an ihren Zehen. Eine leere Flasche Sonnencreme schwamm auf dem Wasser, ein paar Eisstiele, eine Sandale und, etwas weiter weg, eine grüne Flasche. Irgendwas steckte da drin, etwas Weißes. Sah aus wie ein zusammengerollter Zettel …

Eine Flaschenpost! Mia sah sich um. Niemand sonst schien die Flasche bemerkt zu haben. Schnell lief sie ins Meer und fischte sie aus dem Wasser. Dann setzte sie sich wieder in den Sand und lugte neugierig durch das grüne Glas. Ja, da steckte ein zusammengerolltes Stück Papier drin. Und es war auch was draufgeschrieben. Mia zerrte erst mit den Fingern am Korken, dann mit den Zähnen. Endlich flutschte er raus.

Das Blatt war ein bisschen feucht geworden. Mia rollte es auseinander und strich es mit sandigen Fingern glatt.

„Wer dies Geheimnis löst", las sie, „kriegt einen Schatz. Folge den fünf schwarzen Steinen, und finde das, was blaue Punkte hat."

Erstaunt guckte Mia sich um.

Schwarze Steine. Wie sollte sie in dem Menschengewimmel schwarze Steine finden? Sie stand auf und schlenderte suchend am Wasser entlang. Tatsächlich, da lag ein schwarzer Stein.

Den nächsten fand Mia zwei Meter weiter. Eine Frau wollte gerade ihre Strandtasche draufstellen. Der dritte lag ein ganzes Stück weiter auf einem leeren Handtuch, und der vierte schmückte die Spitze einer Sandburg. Mia nahm ihn in die Hand und sah sich um.

Lauter fremde Gesichter. Hatte sie sich jetzt verlaufen? Nein, dahinten wälzte Nora sich gerade vom Bauch auf den Rücken. Beruhigt ging Mia weiter. Wo war der fünfte Stein? Sonnenschirme, nackte Bäuche, zerfledderte Zeitungen, angebissene Brote und – da lag er! Schwarz und glatt. Neben einer Fünf aus kleinen Muscheln.

Nachdenklich hob Mia ihn auf. Jetzt fehlte nur noch das Etwas mit blauen Punkten.

„Vielleicht ein Ball", murmelte Mia. „Oder ein Handtuch." Hinter ihr kicherte jemand. Mia drehte sich um.

Ein Mädchen grinste sie an. Ungefähr so alt wie Mia, na ja, vielleicht etwas älter. „Hallo", sagte es. „Ich bin Etta." Ettas Badeanzug hatte mindestens tausend blaue Punkte.

„Her mit dem Schatz", sagte Mia. „Ich hab dich."

Etta grinste noch breiter, griff in den Brustbeutel, der um ihren Hals baumelte, und hielt Mia eine kleine Krebsschere hin. „Da! Ist das Beste, was ich hier bisher gefunden hab. Ich hab schon 'ne Menge gefunden. Aber die meiste Zeit langweilt man sich, oder?"

Mia nickte und ließ die Krebsschere auf- und zuklappen. „Wo sind deine Eltern?", fragte sie.

Etta zeigte auf zwei Liegestühle. „Schlafen. Da muss man sich schon was einfallen lassen, um die Zeit totzuschlagen."

Den Rest der Ferien verschickten Mia und Etta gemeinsam Flaschenpost-Briefe. Etta schrieb sie, Mia warf sie ins Meer. Sie suchten Flaschen und Schätze, aber so was Tolles wie die Krebsschere fanden sie leider nicht noch mal. Sie malten Steine schwarz an, legten die Steinspuren und beobachteten, wer ihre Post aus dem Wasser fischte.

Einmal fand ein Junge, der sie schon oft geärgert hatte, die Flasche. Da buddelte Mia Etta ein, bis kein einziger blauer Punkt ihres Badeanzugs mehr zu sehen war.

Der Blödmann suchte den ganzen Strand nach blauen Punkten ab. Ziemlich dumm sah er dabei aus. Etta kriegte vom Zuschauen so einen Kicheranfall, dass der Sand von ihrem Bauch rutschte und Mia ganz schnell neuen draufschaufeln musste.

Irgendwann warf der Junge die Flasche wütend zurück ins Meer, und Etta sagte: „Tja, unsere Schätze kriegen eben nur Leute, die uns gefallen. Stimmt's?"

„Stimmt auf jeden Fall", sagte Mia. Und dann warteten sie auf den nächsten Flaschenpost-Finder.

Illustriert von Karin Schliehe und Bernhard Mark

Cordula Tollmien

Wasserscheu

Alle anderen können schwimmen, nur Mirjam nicht. Mirjam ist nämlich wasserscheu. Das sagen die anderen jedenfalls.

Und nun fährt Mama mit ihr in den Ferien an die Ostsee, damit sie schwimmen lernt. Mirjam hat überhaupt keine Lust dazu. Aber Mama hat ihr versprochen, dass sie nicht ins Wasser muss, wenn sie nicht will. Und außerdem hat sie gesagt, dass das Wasser in der Ostsee salzig ist. Und salziges Wasser trägt einen besser. Man geht darin nicht so leicht unter wie in normalem Wasser.

Das mit dem Salz stimmt. Das hat Mirjam gleich am ersten Tag getestet. Aber mehr als die Zehen steckt Mirjam trotzdem nicht ins Wasser. Und Mama hält Wort und sagt nichts.

Alle anderen Kinder sind im Wasser. Die meisten schwimmen gar nicht. Sie spielen Ball, paddeln auf Luftmatratzen oder spritzen sich nass. Vorn ist es ganz flach. Das Wasser geht den anderen Kindern nur bis zu den Knien. Mirjam braucht ja nicht weit reinzugehen. Nur mal probieren, wie es ist. Das Wasser ist warm. Und die kleinen Wellen spielen um ihre Kniekehlen.

Mama ist nicht mitgekommen. Sie winkt ihr vom Strand aus zu, und Mirjam winkt zurück. Als Mirjam sich wieder umdreht, steht ein Mädchen vor ihr. Es ist einen ganzen Kopf größer als sie.

„Na", fragt sie. „Trauste dich nicht weiter rein?"

Mirjam schüttelt den Kopf.

„Heißt das jetzt ja oder nein?", fragt die andere.

„Nein", sagt Mirjam und merkt, dass sie Angst bekommt. „Ich kann nicht schwimmen."

„Konnte ich auch nicht", sagt das Mädchen. „Hatte immer unheimlichen Schiss vorm Wasser. Aber hier nicht. Das Wasser trägt dich echt. Flori hat mir Toter Mann beigebracht. Soll ich's dir zeigen?"

Ehe Mirjam antworten kann, legt sie sich flach auf den Rücken ins Wasser. Einfach so. Direkt neben Mirjam. Und sie geht nicht unter.

„Toll, was?", fragt sie, als sie wieder senkrecht steht. „Soll ich dir zeigen, wie das geht?"

Mirjam schüttelt wieder den Kopf.

„Na ja", sagt die andere. „Im Kopfschütteln biste schon ganz gut. Ich heiß übrigens Alexandra. Aber alle sagen Alex zu mir. Wir haben den Strandkorb neben euch. Wenn du's dir anders überlegst, brauchste mir nur Bescheid zu sagen."

Diese Alex ist wirklich sehr nett. Aber Toter Mann? Mirjam weiß nicht so recht. Bei Alex sah es ganz leicht aus. Aber Mirjam hat ja noch nicht einmal Schwimmflügel.

„Brauchste nicht", sagt Alex. „Die stören nur. Du legst dich einfach hin. Wie auf 'ne Luftmatratze. Das hat Flori immer gesagt. Nur dass die eben aus Wasser ist. Das Einzige, was du brauchst, ist Vertrauen. Ist auch von Flori. Der ist letzte Woche schon abgereist. Sonst würd ich ihn holen. Aber so musste eben mit mir vorlieb nehmen. Na, was ist?"

151

„Morgen vielleicht", sagt Mirjam.

„Na, das ist doch was." Alex nickt zufrieden.

In dieser Nacht schläft Mirjam schlecht. Sie träumt von Alex und von toten Männern und von Wasser, furchtbar viel Wasser.

Morgens am Strand hat sie sich gerade ihren Badeanzug angezogen, da steht Alex schon vor ihr.

„Gehen wir?", fragt sie.

Mirjam nickt zaghaft: „Aber nur ins Flache."

„Klar", antwortet Alex. „Oder glaubst du, ich hab Lust, dass du absäufst. Keine Angst, ich halte dich fest. Du legst dich einfach auf meine Arme."

„Aber ich bin doch viel zu schwer!"

„Mensch", sagt Alex. „Ich hab doch gesagt, das Wasser trägt dich. Die Arme sind nur zur Stütze da. Du glaubst mir wohl immer noch nicht?"

„Doch", sagt Mirjam. Und weil sie das gesagt hat, muss sie es nun auch tun.

Alex kniet sich ins Wasser – so flach ist es hier –, und Mirjam legt sich vorsichtig auf den Rücken.

„Hintern hoch", schreit Alex. „Du schleifst ja im Sand." Da rollt Mirjam auch schon auf die Seite. Doch weil es hier so flach ist, steht sie sofort wieder auf ihren Füßen. Sie hat noch nicht einmal Wasser geschluckt.

„Ja, ja", kommentiert Alex. „Üben, üben, üben. Das hat Flori auch immer gesagt."

Und so üben und üben sie. Mirjam schluckt irgendwann doch einmal Wasser, und eigentlich hat sie danach keine Lust mehr. Aber Alex lässt nicht locker. Und plötzlich, als sie eigentlich beide schon aufgeben wollen, liegt Mirjam flach auf dem Wasser, und das Wasser trägt sie.

Alex nimmt vorsichtig ihre Hand unter Mirjam weg. „So", sagt sie, „jetzt kannst du's. Der Rest ist kinderleicht. Wenn man erst mal begriffen hat, dass das Wasser einen wirklich trägt, dann lernt man auch schwimmen. Das ist auch von Flori. Aber das haste dir wahrscheinlich schon gedacht, oder?"

153

Mirjam nickt.

Alex guckt sie kritisch an: „Ich glaube, ehe ich dir zeige, wie man schwimmt, muss ich dir erst mal das Reden beibringen. Immer nur Kopfschütteln oder Nicken. Ist ja todlangweilig. Kannste nicht anders oder willste nicht?"

Da lacht Mirjam und schmeißt sich auf Alex und taucht sie unter. Dabei kreischen sie so laut, dass Mirjams Mutter zum Wasser gelaufen kommt.

„Alles in Ordnung", ruft Mirjam ihr zu. „Ich lerne bloß schwimmen." Mehr kann sie nicht sagen, weil Alex gerade versucht, sie unterzutauchen.

Illustriert von Lucy Keijser

Annelies Schwarz

Vier legen zusammen

Gestern haben Arbeiter eine Tischtennisplatte auf dem Spielplatz im Park aufgestellt. Heiner, Ilka, Bodo und Tobias sahen dabei zu. Als die Arbeiter fort waren, traten die vier Freunde näher an die Platte heran. Sie strichen mit den Händen über die glatte Fläche. „Da springen die Bälle echt gut ab", sagte Tobias.

„Wenn wir wenigstens zwei Tischtennisschläger hätten, könnten wir abwechselnd jeweils zu zweit spielen", sagte Ilka. Aber keiner von den vieren besaß einen Schläger.

„Ich kann auch ohne Tischtennis leben",
brummelte Heiner vor sich hin. Er hielt eine Tüte
mit Keksen in der Hand und steckte gerade
wieder ein paar davon in den Mund.

„Gib mir mal welche ab, du Vielfraß!", sagte
Bodo. Er streckte seine Hand aus.

„Fang mich doch!", rief Heiner und rannte los. Er
kletterte auf das Klettergerüst in der Nähe. „Wer
Kekse möchte, muss zu mir hochkommen!", rief er
hinunter.

Das ließen sich die Freunde nicht zweimal sagen.
Sie flitzten los und kletterten zu ihm. Heiner hatte
immer leckere Sachen dabei! Vom Klettergerüst
aus hatten sie einen sehr guten Blick auf die neue
Tischtennisplatte.

„Schade, wirklich schade, dass wir keine Schläger haben", meinte Tobias wieder.

„Von meinem bisschen Taschengeld kann ich mir nie welche kaufen", seufzte Bodo.

„Wer von euch weiß denn überhaupt, wie viel zwei Tischtennisschläger kosten?", fragte Ilka.

„Einer kostet bestimmt zehn Euro", sagte Bodo.

„Wenn wir alle unser Taschengeld zusammenlegen, könnten wir uns sogar zwei Schläger kaufen."

Die Jungen sahen Ilka an. „Gute Idee. Leider habe ich aber für diese Woche mein Taschengeld schon längst ausgegeben", sagte Bodo.

„Dann fangen wir eben nächste Woche mit dem Sparen an, und in zwei Wochen haben wir das Geld zusammen. Juchhu!" Tobias freute sich schon.

„Dann fehlen nur noch die Bälle. Oder bekommt jemand von euch mehr als zwei Euro fünfzig die Woche?"

Die drei Jungen schüttelten auf Ilkas Frage den Kopf.

„Ich frag meine Oma", sagte Tobias. „Vielleicht spendiert sie uns das restliche Geld."

Heiner hatte sich die ganze Zeit über nicht an dem Gespräch beteiligt. Er schüttete sich gerade die letzten süßen Krümel aus der Tüte in den Mund. „Ich mach nicht mit", sagte er plötzlich und kaute weiter auf den Krümeln herum.

Alle sahen ihn an. „Aber du musst! Sonst müssen wir noch eine ganze Woche länger sparen", sagte Ilka zu ihm.

„Ich muss überhaupt nicht mitmachen. Aber ich muss meine Kekse haben. Die kaufe ich nämlich von meinem Taschengeld."

Die Freunde sahen sich betroffen an. Zwingen konnten sie Heiner natürlich nicht.

„Wenn du nicht mitbezahlst, darfst du nie mit uns spielen", sagte Bodo zu Heiner.

„Egal", sagte der.

„Wirklich nie!", wiederholte Tobias. Er kam richtig in Fahrt: „Du weißt ja gar nicht, was für einen Spaß das Spiel macht. Außerdem brauchen wir dich als vierten Spieler, dann sind wir zwei Mannschaften!"

158

Tobias hielt es nicht mehr auf dem Klettergerüst aus. Er sprang in den Sand und lief zu der Platte. Bodo folgte ihm.

Ilka blieb bei Heiner sitzen. Sie wollte ihn doch noch irgendwie überzeugen. „Ich könnte dir mein Glas Schokocreme schenken. Mama kauft jede Woche eins für mich. Es macht mir nichts aus, mal eine Woche lang etwas anderes aufs Brot zu schmieren." Schokocreme mochte Heiner sehr, das wusste Ilka.

Leise sagte Heiner: „Ich hab noch nie Tischtennis gespielt. Und wenn ich die Bälle nicht halte, werden mich die anderen bloß auslachen. Dazu hab ich keine Lust, verstehst du?"

Natürlich verstand Ilka das. „Ich hab auch noch nie Tischtennis gespielt, aber ich will es lernen", sagte sie.

„Kannst du es wirklich nicht?", fragte Heiner sie ungläubig. Ilka schüttelte den Kopf. „Okay, dann mach ich mit. Aber du darfst die Schokocreme nicht vergessen!", sagte Heiner.

„Abgemacht!" Ilka schlug Heiner freundschaftlich auf die Schulter. Sie sprang vom Klettergerüst in den Sand. „Juchhu!", rief sie. „Heiner macht mit!"

Unter dem alten Kastanienbaum legten die vier Freunde dann ihre Hände aufeinander und schlossen einen richtigen Vertrag.

Feierlich sprachen sie: „Wir sparen zwei Wochen lang unser Taschengeld und legen es zusammen. Davon kaufen wir zwei Tischtennisschläger. Die gehören uns allen vieren. Und wir wollen uns nie darum streiten."

Illustriert von Sabine Kraushaar

Milena Baisch

Tom

„… wie immer am Ferienende sind die Autobahnen völlig überfüllt … fünfzig Kilometer auf der A 27 …" Toms Vater macht das Autoradio aus und schimpft: „Warum muss so was immer uns passieren?"

Tom und seine Eltern fahren aus dem Urlaub wieder nach Hause. Das heißt, fahren kann man das nicht nennen. Eigentlich stehen sie, und zwar im Stau.

Aber Tom findet Staus gar nicht so schlecht. Er guckt gern aus dem Fenster und beobachtet die Leute in den anderen Autos. Von links überholen sie jetzt ein rotes Auto mit drei Fahrrädern auf dem Dach, zwei großen und einem kleinen. Auf der Rückbank sitzt ein Mädchen und liest Mickymaus. Tom kurbelt sofort die Scheibe runter und streckt ihr seine Comichefte entgegen. Alles Mickymaus! Das Mädchen schaut auf und lächelt zu ihm herüber. Aber auf Toms Fahrbahn geht es langsamer vorwärts, und schon ist das rote Auto wieder weg.

„Ich glaube, du kannst deine Comicsammlung noch mal lesen", sagt Toms Mutter. „Weiterfahren können wir jedenfalls nicht so bald."

Das ist das Letzte, wozu Tom Lust hat. Drei Wochen lang hat er immer und immer wieder die gleichen Hefte gelesen: Mickymaus Nummer 176 bis 181. Die kann er jetzt wirklich auswendig. Aber vielleicht hat das Mädchen ja ein neues Heft?

Draußen auf der Straße stehen die Autos inzwischen still. Manche Leute sind sogar ausgestiegen, um sich die Füße zu vertreten. Auch Tom tut vom ewigen Sitzen der Po weh.

„Ich bin mal kurz weg!", ruft er seinen Eltern zu und steigt einfach aus. So weit sein Auge reicht, sieht er Autos: große, kleine, bunte, graue … Tom stellt sich auf die Zehenspitzen. In dem riesigen Automeer sucht er nämlich nach einem ganz bestimmten Wagen. Da! Ein Stück weiter vorne ragen über den Autodächern drei Fahrräder

hervor: zwei große und ein kleines. Tom überlegt nicht lange und holt seine Comichefte von der Rückbank. Toms Mutter will noch etwas sagen, aber da ist er schon weg. Bis zum Fahrradauto ist es nicht weit.

Das Mädchen ist auch schon ausgestiegen. „Da bist du ja", sagt sie.

Tom nickt. „Ja, ich wollte fragen, ob du mit mir Hefte tauschst."

„Oh, die Nummer 179!", ruft das Mädchen

begeistert. „Die fehlt mir noch. Was willst du dafür haben?"

Tom zögert. Da ruft plötzlich jemand: „Klara, komm schnell ins Auto! Es geht weiter." Tom schaut sich um. Ein Stück weiter vorne fahren bereits die ersten Autos an.

„Ich muss zurück", sagt das Mädchen.

Tom muss auch zurück. Aber wie? Die Autos um ihn herum lassen alle die Motoren an, und Tom steht als Letzter mitten auf der Fahrbahn.

Da hört er das Mädchen rufen. „Das schaffst du nicht mehr! Steig bei uns ein!"

Tom hat keine Zeit mehr nachzudenken und

springt in das rote Auto. In dem Moment fahren sie auch schon los.

„Nanu, wen haben wir denn da?" Die Mutter von dem Mädchen hat sich umgedreht und guckt Tom erstaunt an.

„Ich bin Tom, aber ich muss zu meinen Eltern", sagt Tom. Dabei steigt ihm eine Träne ins Auge.

„Nicht weinen", sagt das Mädchen. Sie legt ihren Arm um Tom. „Ich heiße Klara. Und ich hab da schon eine Idee."

Zuerst warten sie, bis Toms Eltern von links an ihnen vorbeirollen, und klopfen dann ganz fest gegen die Scheibe.

Toms Eltern nicken erleichtert. Sie fahren so, dass sie immer in der Nähe von Klaras Eltern bleiben.

Klara hat inzwischen etwas auf einen Zettel geschrieben. Sie drückt das Papier Tom in die Hand. „So, das musst du ans Fenster halten, wenn wir an deinen Eltern vorbeifahren."

Tom guckt sich das Blatt an. „Nächste Raststätte" steht darauf. Alles klappt wie am Schnürchen. Und kurze Zeit später fällt Tom seinen Eltern in die Arme.

Doch bevor die Reise weitergeht, flüstert Tom Klara noch etwas ins Ohr. Dann tauschen die beiden ihre Adressen aus und zwei Comichefte.

Später im Auto fragt Toms Mutter: „Sag mal, wer war das eigentlich?"

Tom schaut aus dem Fenster. „Das?", fragt er. „Das war meine Freundin Klara."

Illustriert von Dorothea Tust

Cornelia Funke

Fremde Worte

Jeden Morgen, wenn Jule mit ihren Eltern zum Strand kam, war das andere Mädchen schon da. Mit seiner ganzen Familie. Immer an derselben Stelle, gleich neben dem Strandcafé.

„Können die sich nicht mal woanders breit machen?", raunte Jules Vater am fünften Tag.

„Wir gehen ja auch nie woanders hin", sagte Jule und lächelte dem anderen Mädchen zu.

Es grinste zurück. Ihm fehlte vorne ein Zahn, genau wie Jule.

„Du meine Güte, worüber reden diese Italiener bloß ständig?", murmelte Jules Mutter, während sie sich eincremte. „Und dann in dieser Geschwindigkeit! Ein Wunder, dass sie nicht die eigene Zunge verschlucken."

Jule schlenderte zum Wasser und watete

hinein. Das Meer war ganz glatt. Das fremde Mädchen ging ihr nach. Sie rannten zusammen den Wellen entgegen und kicherten, wenn ihnen das Wasser an den Bauch klatschte.

Als sie genug davon hatten, setzten sie sich nebeneinander in den Sand und ließen das Meer an ihren sandigen Zehen lecken.

Dann bauten sie eine Sandburg. Jule buddelte, und Rosetta holte Wasser. Jule kannte den Namen ihrer neuen Freundin, weil die dicke Großmutter immer „Roseeeettaaa!" rief.

Jule hätte gern mit ihr den Namen getauscht. Rosetta klang viel besser als Jule.

Wenn sie die Sandburg mit Muscheln verzierten, legte Jule Herzen und Rosetta kleine Blüten. Zum Schluss, wenn nicht eine Muschel mehr auf die

Burg passte, grinsten sie sich an und sprangen mitten in ihr Kunstwerk.

Manchmal gab Rosettas Oma ihnen Kekse. Dann sorgte Jule für die Getränke. Mama behauptete zwar immer, dass sie kaum genug für sie drei dabeihatte. Aber wenn sie erst mal in ihrem Liegestuhl schlief, holte Jule die große Saftflasche aus ihrer Tasche. Dann teilte sie sich einen Becher davon schwesterlich mit Rosetta.

Am siebten Ferientag war Rosetta noch nicht da, als Jule an den Strand kam.

„Na bitte", sagte Jules Vater. „Endlich kriegen wir mal den besten Platz."

Jule suchte den ganzen Strand nach Rosetta ab. Zwei trostlos langweilige Stunden später kam sie. Aber diesmal war nicht ihre ganze Familie dabei, sondern nur ihre dicke Großmutter. Schwer atmend, ließ sie sich in einen Liegestuhl plumpsen und lächelte Jule zu.

Jule lief gleich ins Meer, aber Rosetta blieb am Strand stehen. Sie hielt Jule etwas hin, ein kleines Muschelarmband, durch das kaum Jules Hand passte. Dann drückte sie Jule einen kleinen gefalteten Zettel in die Hand.

„Was hast du da für einen Zettel?", fragte Mama, als sie abends auf dem Hotelbalkon saßen.

„Rosettas Adresse", sagte Jule und strich den Zettel glatt. „Ich hab ihr meine auch aufgeschrieben. Rosetta ist nämlich weg."

„Rosetta? War das das italienische Mädchen am Strand?", fragte Papa. „Wie willst du der denn schreiben? Und woher weißt du, dass sie weg ist?"

Jule zuckte die Achseln. „Hat sie mir gesagt."

Ihre Eltern guckten sich an.

„Ach ja, wie habt ihr euch denn unterhalten?", fragte Papa spöttisch. „Auf Englisch?"

171

„Blödsinn." Jule sah ihn ärgerlich an. „Rosetta hat italienisch geredet und ich deutsch. Italienisch kitzelt im Bauch, wenn man zuhört. Habt ihr das schon mal gemerkt?"

Hatten sie nicht.

Als Jule nach Hause kam, steckte schon eine Postkarte von Rosetta im Briefkasten. Vorne drauf war Venedig, und auf die Rückseite hatte Rosetta ein Herz aus Muscheln gezeichnet. Das hatte sie ziemlich gut hingekriegt, fand Jule. Sie schickte Rosetta die allerallerschönste Karte, die sie von Hamburg finden konnte. Auf die Rückseite schrieb sie: „Tanti saluti von Jule", das hatte sie in Papas Reisewörterbuch nachgeguckt. Darunter zeichnete sie ihr Meerschwein, aber das kriegte sie nicht halb so gut hin wie Rosetta die Muscheln. Also guckte sie noch mal ins Wörterbuch und schrieb „porcellino" drunter – vorsichtshalber.

Illustriert von Karin Schliehe und Bernhard Mark

Cordula Tollmien

Amerika

„Wir fahren nach Amerika", erzählt Thomas in der Pause.

„Mensch, toll", platzt Patrick heraus. „Dann fliegt ihr ja mit dem Flugzeug."

Thomas zuckt zusammen. Dann sagt er schnell: „Klar. Was denkst du denn? Mit einer superschnellen Düsenmaschine. Fast so schnell wie ein Tornado."

„Echt?" Patrick ist begeistert. „Und siehst du auch Cowboys und Indianer?"

„Klar", sagt Thomas wieder. „Aber dir erzähle ich bestimmt nichts davon."

„Warum denn nicht?", fragt Patrick.

„Darum", antwortet Thomas und geht einfach.

„Warum ist er plötzlich so komisch?", fragt Patrick Lisa, die neben ihm steht.

„Lass ihn", antwortet Lisa. „Ist sowieso ein alter Angeber. Nur weil er nach Amerika fliegt, bildet er sich sonst was ein."

Nach der Schule versucht Patrick es noch einmal. Eigentlich ist Thomas doch sein Freund. Aber er lässt Patrick einfach stehen.

Beim Mittagessen fragt Patrick seine Mutter, ob sie nicht auch mal nach Amerika fliegen können.

„Wie kommst du denn darauf?", fragt die Mutter. „Dir hat es doch in unserem Ferienhaus immer gut gefallen."

„Ja", antwortet Patrick. „Aber Thomas fliegt nach Amerika und …"

„Thomas fliegt nach Amerika?", unterbricht ihn die Mutter. „Ich dachte …"

„Was dachtest du?", will Patrick wissen.

„Na, ich dachte, der Vater von Thomas ist doch arbeitslos, und da fahren sie gar nicht weg."

„Meinst du, Thomas hat gelogen?" Patrick ist empört. „Das erzähle ich aber den anderen."

„Hör mal", sagt die Mutter vorsichtig. „Erstens wissen wir es nicht genau und zweitens: Warum, glaubst du, lügt Thomas, falls er wirklich gelogen hat?"

„Na, weil er ein alter Angeber ist. Das sagt Lisa auch", vermutet Patrick.

„Kann schon sein", sagt die Mutter. „Aber könnte es nicht auch sein, dass er sich schämt?"

„Warum das denn?" Patrick versteht nicht.

„Na, weil in eurer Klasse alle wegfahren und er nicht."

„Aber das stimmt überhaupt nicht", protestiert Patrick. „Es fahren gar nicht alle weg."

„Aber vielleicht glaubt Thomas das ja, und vielleicht ist es für ihn auch besonders schlimm, weil sein Vater noch nicht so lange arbeitslos ist."

Patrick sagt nichts mehr. Darüber muss er erst nachdenken. Er geht in sein Zimmer, weil er an seinem Legokran bauen will. Aber irgendwie hat er keine richtige Lust dazu. „Ich besuch Thomas", ruft er seiner Mutter zu und geht.

Erst will Thomas ihn gar nicht reinlassen. Aber schließlich macht er doch die Tür auf. Patrick ist ein bisschen verlegen, und Thomas guckt finster. Schließlich gibt Patrick sich einen Ruck und sagt einfach: „Ihr fahrt gar nicht nach Amerika, nicht?"

Thomas will widersprechen, aber dann senkt er einfach nur den Kopf.

„Macht doch nichts", sagt Patrick. „Wir fahren auch nur in unser Ferienhaus an der Schlei. Da fahren wir jedes Jahr hin. Mensch …" Patrick hat

plötzlich eine Idee. Dass er da nicht eher drauf gekommen ist. „Willst du nicht mitkommen?", fragt er ganz begeistert. „Das Haus ist groß genug, und wir könnten die ganzen Ferien zusammen spielen. Das wäre doch prima."

Thomas guckt ihn ungläubig an. „Geht das denn?"

„Na klar", antwortet Patrick. „Ich muss bloß meine Mutter fragen."

Patricks Mutter hat nichts dagegen. Im Gegenteil. Sie spricht auch mit den Eltern von Thomas. Die wollen erst nicht. Aber schließlich erlauben sie es doch. Thomas und Patrick führen einen Indianerfreudentanz auf, als sie das hören.

„Na", sagt Patricks Mutter. „Dafür müsst ihr jedenfalls nicht erst nach Amerika. Das könnt ihr auch so."

„Amerika, Amerika", rufen Patrick und Thomas im Chor.

Und dann lassen sie sich einfach auf den Boden fallen und machen einen Ringkampf. Erst liegt Patrick oben und dann Thomas. Und wenn sie groß sind, fahren sie zusammen nach Amerika. Das haben sie sich fest versprochen.

Illustriert von Lucy Keijser

Für große und kleine Abenteurer

Marliese Arold

Der sagenhafte Schatz

„Hier ist das Haus", flüsterte Otto der Krumm-
beinige. Er spähte durch die Fensterläden. „Wir
haben Glück! Der alte Graubart ist allein
daheim."

Der langarmige Edgar rieb sich die Hände. „Ha,
dann haben wir leichtes Spiel. Hoffentlich können
wir den Schatz zu zweit tragen. Es wäre
jammerschade, wenn wir etwas zurücklassen
müssten!"

„Schschsch! Nicht so laut", warnte Otto. Mit
einem Brecheisen stemmte er die Haustür auf.

Die Tür war morsch und gab gleich nach. Auf
Zehenspitzen schlichen die beiden Gauner durch
den Flur ins Wohnzimmer. Dort saß der alte Pirat
Graubart bei Kerzenschein vor einem Glas Wein
und ordnete Fotos.

„Und das war das Schiff, das wir an der Korallen-
insel geentert haben. Das waren noch Zeiten!" Er
war so vertieft, dass er gar nicht merkte, wie sich
Otto und Edgar von hinten anschlichen.

Otto bohrte dem Piraten einen Zeigefinger in
den Rücken, und Edgar hielt ihm ein großes Messer
an den Hals. „Das ist ein Überfall! Hände hoch!
Schreien ist zwecklos."

Graubart hob langsam die Hände und starrte die Männer mit seinem linken Auge an. Das rechte war nämlich aus Glas. „Ich nehme an, dass ihr nicht gekommen seid, um ein Glas Wein mit mir zu trinken", murmelte er.

„Richtig erkannt, Graubart." Otto grinste. „Wir wollen den Schlüssel zu deinem Keller!"

Graubart seufzte. „Ihr wollt die Schatzkiste, die ich vor dreißig Jahren erbeutet habe."

„Du bist wirklich ein schlaues Kerlchen", lobte Edgar.

„Wollt ihr alles rauben?", jammerte Graubart. „Ihr wisst doch, dass ich den Schatz für den Tag aufhebe, an dem ich einmal nicht mehr bin. Meine Erben sollen ihn bekommen, damit sie ein anständiges Leben führen können und kein Schiff mehr überfallen müssen."

„Das ganze Dorf kennt diese Geschichte. Du erzählst sie seit dreißig Jahren – seit du diesen wunderbaren, sagenhaften Schatz gefunden hast", sagte Otto. „Jetzt her mit dem Schlüssel, aber dalli!"

Graubart langte in seine Hosentasche und reichte den Gaunern einen großen eisernen Schlüssel.

Otto grinste. „Na also. Komm, Edgar!"

Sie sperrten die Kellertür auf und stiegen die Treppe hinab. Es war stockfinster. Otto knipste seine Taschenlampe an und leuchtete den Weg. Sie tappten durch die Gewölbe, bis sie in der Waschküche landeten. Neben der Waschmaschine stand die Schatzkiste. Sie war riesig und aus dunklem Holz.

Ottos Augen funkelten. „Jetzt sind wir reich, Edgar!"

Das Schloss war für die geübten Einbrecher kein Problem. Dann stemmten sie den Deckel

hoch. Er war so schwer, dass sie es kaum schafften. Erst beim dritten Versuch klappte es.

Otto leuchtete in die Kiste hinein. Sein Mund wurde trocken. „Siehst du auch, was ich sehe, Edgar?"

Edgar schluckte. „Leer", flüsterte er. „Keine Münze, keine Perle, keine Kette, nicht einmal ein Ring ... Ist das möglich?"

„Dieser alte Halunke!", schnaubte Otto. „Er hält schon jahrelang das Dorf zum Narren! Nichts ist in der Schatzkiste, nicht mal ein Mäuseschwanz! So eine Pleite!"

„So eine Pleite", wiederholte Graubart, der plötzlich in der Tür stand. „Das dachte ich vor dreißig Jahren auch. Fünf Mann waren nötig, um die schwere Kiste aus dem Wasser zu fischen und an Land zu schaffen. Wir haben drei Tage gebraucht, um das Schloss zu knacken. Und dann war die Kiste leer!" Er grinste. „Wir schworen uns, dass niemand etwas von unserer Niederlage erfahren sollte. Deswegen verbreiteten wir das Gerücht von dem sagenhaften Schatz. Die anderen vier Kerle sind inzwischen tot. Ich bin der Letzte, der noch lebt. Ich hatte gehofft, dass die Kiste erst nach meinem Tod geöffnet wird. Doch jetzt seid ihr gekommen und habt mein Geheimnis erfahren. Was werdet ihr tun?"

Otto und Edgar starrten sich an. „Was sollen wir mit einer leeren Kiste anfangen?"

„Wir könnten höchstens Blumen reinpflanzen", brummte Edgar.

„Ich habe einen besseren Vorschlag", sagte Graubart. „Ihr kommt mit hoch, ich mache euch eine Pizza, und ihr vergesst einfach, was heute passiert ist."

„Keine schlechte Idee", sagte Otto. „Was meinst du dazu, Edgar?"

Edgar zuckte die Achseln. „Eine Pizza ist besser als ein Schatz, den es gar nicht gibt. Und meinetwegen kann das Geheimnis noch länger ein Geheimnis bleiben."

Illustriert von Alex de Wolf

Cornelia Funke

Gawain von Grauschwanz und die schreckliche Meg

Auf Burg Rabenschreck lebten glücklich und zufrieden viele Mäuse. Aber der Burgherr, Ritter Tristan von Trottelbach, war es gründlich leid, angenagte Kettenhemden zu tragen. Seine Frau Hermine hatte keine Lust mehr, Mäusekötel vom Käse zu schütteln, und ihre Kinder wollten auch nicht mehr mit angeknabberten Puppen spielen.

Also ritt Tristan von Trottelbach in die nächste Stadt und kaufte eine Katze. Nicht irgendeine Katze. Oh nein. Er holte die schleicheschlaue, scharfkrallig schaurige, immer hungrige Meg auf seine Burg. Sie war weit und breit die beste Mäusejägerin, und Ritter Tristan hatte zehn Goldstücke für sie bezahlt.

Meg machte sich gleich an die Arbeit. Schon nach einem Monat gab es auf der Burg nur noch drei Mäuse: Langschwanz, Schnüffelbart und Trippelpfote. Die drei waren abgemagert bis auf die Knochen. Die schreckliche Meg bewachte die Essvorräte mit besonderer Sorgfalt. Zum Schlafen kamen sie auch nicht, denn Meg legte sich vor ihr Mauseloch und blies ihren heißen Katzenatem hinein.

„Uns bleibt nichts anderes übrig, als auszuwandern!", sagte Langschwanz zu den anderen.

„Aber wohin?", rief Trippelpfote. „Wir sind Burgmäuse. Und hier gibt es nirgendwo eine andere Burg!"

Der arme Schnüffelbart sagte gar nichts. Er kaute nur hungrig auf seinen Barthaaren herum. Ihre Lage war verzweifelt.

Da huschte eines Nachts eine kleine Gestalt durchs Burgtor. Silbern spiegelte sich das Mondlicht in ihrer winzigen Rüstung. Es war der berühmte Mäuseritter Gawain von Grauschwanz,

der Schrecken aller Kater und Katzen. Er war gekommen, um den Mäusen von Burg Rabenschreck gegen die furchtbare Meg beizustehen.

Nachdem Gawain großzügig seinen restlichen Reiseproviant mit den drei ausgehungerten Burgmäusen geteilt hatte, berieten sie, was zu tun sei.

„Bin schon mit Schlimmerem fertig geworden", sagte Gawain und zwirbelte lässig seinen Schnurrbart. „Zuallererst braucht ihr Rüstungen und ein paar große Stopfnadeln. Gabeln wären auch nicht schlecht."

„Die besorge ich", flüsterte Trippelpfote. „Aber wo sollen wir die Rüstungen herkriegen?"

„Machen wir selbst", raunte Gawain. „Ein paar Becher aus Metall, eine Kerzenflamme und das hier …" Er zog eine kleine Keule aus dem Gürtel. „Damit hämmern wir das heiße Metall in die passende Form. Alles klar?"

Die drei Burgmäuse nickten.

„Na, dann los!", zischte der Mäuseritter.

Dreimal störte die scharfkrallige, schaurige Meg sie bei der Arbeit, und dreimal lockte der tollkühne Gawain sie weg – ohne dass die riesige Katze auch nur den Zipfel seines Schwanzes zu Gesicht bekam.

Jedesmal war er wie der Blitz zurück. „Diese Katze ist kein bisschen schlauer als ihre Brüder und Schwestern", sagte er. „Schnell ist sie schon, aber …", er strich sich selbstbewusst über seinen Schnurrbart, „… ich bin natürlich schneller."

Bewundernd sahen die Burgmäuse zu ihm auf. Dann legten sie ihre Rüstungen an. So prächtig wie Gawains waren sie nicht, aber sie boten zuverlässigen Schutz gegen Katzenkrallen. Kichernd betrachteten die drei sich in einer Spiegelscherbe.

„Richtig gefährlich sehen wir aus!", sagte Schnüffelbart.

„Ritterlich", stellte Gawain fest. „Richtig ritterlich seht ihr aus. Nehmt die Nadeln und die Gabeln. Jetzt werden wir diese Meg aus der Burg jagen."

Auf leisen Mäusepfoten schlichen sie durch die dunkle Burg. Die menschlichen Bewohner lagen längst in den Betten. Ritter Tristans Schnarchen war bis in die Eingangshalle zu hören.

Die schreckliche Meg lag vor dem glimmenden Kamin und wetzte ihre Krallen genüsslich an einem Lehnstuhl. Als Gawain und die drei Burgmäuse auf sie zutrippelten, sprang sie überrascht auf.

„Halloo!", schnurrte sie mit tiefer Stimme. „Wen haben wir denn da? Abendessen mit Nachtisch?"

„Hüte dich und zittere, scheußliche Meg!", rief Gawain. „Vor dir steht der unbesiegbare Gawain von Grauschwanz mit drei seiner tapfersten Knappen. Flieh, solange dein räudiges Fell noch ohne Löcher ist!"

Meg lachte leise. Sie duckte sich, zeigte ihre spitzen Zähne – und schnellte mit einem eleganten Satz auf den Mäuseritter zu. Ihre Landung war weniger elegant. Gawain sprang blitzschnell zur Seite, und Meg landete höchst unsanft auf der Nase. Fauchend fuhr sie herum. Wie Dolche stießen ihre Krallen auf die Mäuse nieder, aber an ihren Rüstungen glitten sie ab und prallten schmerzhaft auf die steinernen Fliesen.

„Verschwinde, Meg!", schrie Trippelpfote und pikste Meg die Stopfnadel ins Fell.

„Ja, verschwinde!" Langschwanz fuchtelte mit seiner Gabel vor der Katzennase herum.

„Wir waren vor dir hier!", schrie Schnüffelbart und hieb der schrecklichen Meg ein Schnurrbart-haar ab.

 Die riesige Katze duckte sich, kniff überrascht die Augen zusammen und machte einen Schritt zurück. In keinem ihrer sieben Katzenleben war ihr je so etwas passiert. Sie kannte fiepende, zitternde, furchtsam flüchtende Mäuse. Aber Mäuse mit Nadeln? Mäuse mit Gabeln? Mäuse, die keine Angst vor ihr, der herrlichen, der Furcht erregenden Meg hatten? Das war unerhört!
 „Raus mit dir!", riefen die Burgmäuse. „Das Fenster haben wir dir schon aufgemacht."
 Tollkühn sprang Gawain auf den Katzenkopf. „Berichte deinen Brüdern und Schwestern von

den fürchterlichen Mäusen auf Burg Rabenschreck." Und dann biss er der schrecklichen Meg ins Ohr.

„Miaauuu!", heulte sie, machte einen Riesensatz und schoss auf das offene Fenster zu. Gawain von Grauschwanz hing immer noch an ihrem Ohr. Erst kurz vor dem Fenster ließ er sich fallen. Meg schoss wie ein Pfeil ins Freie, und die vier Mäuse knallten mit vereinten Kräften das Fenster zu.

Am nächsten Morgen wunderten sich Ritter Tristan und seine Familie sehr über Megs Verschwinden. Als sie wieder die ersten Mäusekötel auf dem Brot fanden, kaufte Tristan von Trottelbach eine neue Katze – und dann noch eine und noch eine. Keine blieb lange. Schließlich stellten die von Trottelbachs Fallen auf. Aber alles, was sie jemals darin fingen, waren Stopfnadeln und Gabeln.

Illustriert von Cornelia Funke

Klaus-Peter Wolf

Der Seewolf

Im Schwarzen Meer trieb ein Pirat sein Unwesen, der Seewolf genannt wurde.

Er war verfressen. Er hatte sieben Köche, aber nur eine einzige Kanone. Jeder heuerte gerne bei ihm an. In jedem Hafen wusste man: Beim Seewolf gibt es viel zu essen und wenig zu erobern. Bei ihm wurde viel gerülpst und gefurzt, aber wenig geschossen.

Seine Mannschaft wurde fett und fetter dabei. Schon mussten die Türen an Bord verbreitert werden, damit auch jeder ungehindert hindurchkam. Den dicksten Bauch hatte der Seewolf selber.

Es war kurz vor dem zweiten Mittagessen, als der Junge oben im Mast durch sein Fernrohr ein Schiff entdeckte.

„Fette Beute, Backbord voraus!", brüllte er. „Fette Beute! Ein Handelsschiff mit acht Segeln. Es muss gut beladen sein. Es hat Tiefgang. Fette Beute in Aussicht!"

„Alle Mann an Deck!", kommandierte der Erste Offizier.

„Och", maulte die Mannschaft. „Muss das denn gerade jetzt sein? Es gibt gleich als Vorsuppe Spargelcreme mit …"

„Beeilt euch lieber mit dem Überfall, sonst wird alles kalt!", drohte der Chefkoch laut.

„Also los, Leute! Greifen wir uns die Beute!", schlug der Seewolf vor. „Wir rauben sie rasch aus, und dann speisen wir."

Aber als der Seewolf und seine Piraten an Deck standen, wurde ihnen ganz komisch zu Mute. Das Handelsschiff war viel größer und schneller als ihr Piratenschiff.

„Die haben zwanzig Kanonen und wir nur eine!"

„Na und? Dafür sind wir Piraten, und dort an Bord befinden sich nur Kaufleute. Sie müssen Angst vor uns haben. Nicht wir vor ihnen. Das gehört sich so."

Das Handelsschiff floh jedoch nicht. Es segelte geradewegs auf das Piratenschiff zu.

„Ergebt euch!", rief der Seewolf. „Wenn ihr uns eure Schätze gebt, wird euch nichts passieren!"

„Und wenn nicht?", tönte eine Stimme von dem anderen Schiff zurück.

„Dann beschießen wir euer Schiff. Wir kommen an Bord und verprügeln euch. Wir ziehen euch die Ohren lang! Treten euch in den Hintern und …"

Weiter kam der Seewolf nicht. Von dem anderen Schiff hallte dröhnendes Gelächter herüber.

„Willst du uns mit deiner Kanone drohen? Funktioniert die überhaupt noch?"

Der Seewolf hatte sie lange nicht mehr ausprobiert. Er rief zurück: „Ich glaube schon!"

„Soso, du glaubst. Wie schön für dich."

Der Seewolf schluckte schwer. „Die anderen Handelsschiffe haben sich alle so ergeben. Es gab nie größeren Ärger. Wir sind auch meist bescheiden. Wir wollen gar nicht alles. Die Hälfte eurer Schätze würde uns schon reichen!"

Wieder war Gelächter die Antwort.

„Na gut, dann gebt uns wenigstens ein bisschen. Ein Fässchen Wein – oder habt ihr vielleicht Pralinen?"

„Haben wir! Und die behalten wir auch!"

Jetzt wurde der Seewolf traurig.

„Lasst uns weiterfahren", sagte sein Chefkoch. „Hier kriegen wir nur Probleme."

„Wenn ihr euch jetzt nicht ergebt, dann werde ich echt sauer!"

„Und was passiert dann?", wehte die Stimme herüber.

„Dann komme ich persönlich rüber und ge…"

„Du blöder Fettwanst! Du und deine dicke Meute, euch nimmt schon lange keiner mehr ernst!"

Dann hisste das Handelsschiff alle Segel und fuhr einfach weiter.

„Halt!", schrie der Seewolf. „Halt!"

Aber es nützte nichts.

„Kommt ihr jetzt endlich zum Essen?", fragte der Chefkoch.

„Es gibt Spargelcremesuppe mit einer Prise Knoblauch. Dann Haifischstückchen am Spieß, Lammbraten mit Kartoffelsalat und zum Nachtisch erst Erdbeeren mit Sahne und dann Karamellcreme mit Schokoladensoße."

Die Piraten nahmen an den langen Tischen

199

Platz. Die Suppe war noch heiß. Sie speisten mit gutem Appetit.

Über den Vorfall mit dem Handelsschiff redete nie wieder jemand.

Illustriert von Maria Wissmann

Marliese Arold

Das Geheimversteck

Weil die Familie umgezogen war, musste Patrick in eine neue Schule gehen. Bald hatte er dort einen Freund gefunden: Tobias. Jeden Nachmittag zogen die beiden zusammen los, spielten Fußball oder kletterten auf Bäume.

Eines Tages zeigte Tobias seinem Freund die Schlucht. In der Mitte floss ein Bach. Links und rechts waren steile Hänge.

Die Jungen kletterten hinauf. Plötzlich entdeckte Patrick eine schmale Spalte im Felsen. Neugierig untersuchten die Jungen die Stelle.

„Eine Höhle", sagte Patrick aufgeregt.

Die Öffnung war gerade groß genug, dass sie hindurchpassten. In der Höhle war es dunkel, und es roch nach Moder.

„Hoffentlich entdecken wir kein Skelett", flüsterte Tobias. Mit zitternden Fingern riss er ein Streichholz an.

Die Höhle war nicht besonders groß. Nach hinten wurde sie niedriger. Dort stand eine alte Holzkiste.

„Hier wohnt einer", sagte Patrick erschrocken.

„Nicht mehr", meinte Tobias. „Guck doch mal, wie viel Staub auf der Kiste liegt."

Während er weitere Streichhölzer abbrannte, untersuchte Patrick die Kiste. Er fand einen Kompass, eine alte Decke, ein rostiges Taschen-

messer, uralte Schuhe und eine Armbanduhr zum Aufziehen. Das Lederarmband war schon ganz brüchig. Patrick drehte an dem kleinen Rädchen und hielt die Uhr ans Ohr. „Mensch, die tickt sogar noch! Solche Uhren hat man vor zwanzig, dreißig Jahren gehabt. Wem sie wohl gehört?"

Die Jungen grübelten. Wer hatte sich in der Höhle versteckt? Ein Mörder? Ein Bankräuber? Ein entflohener Häftling? Sollten sie der Polizei von ihrer Entdeckung erzählen?

Tobias zündete das letzte Streichholz an. „Gleich stehen wir im Dunkeln."

„Dann gehen wir lieber", gab Patrick zurück. Die alte Armbanduhr nahmen sie als Beweis mit.

Zu Hause bei Tobias berichteten die Jungen aufgeregt von ihrem Fund. Tobias' Vater schaute die Armbanduhr lange an, dann musste er schmunzeln. „Jungs, der Verbrecher, der die Höhle als Unterschlupf benutzt hat, steht vor euch!"

„Du, Papa?", fragte Tobias verblüfft.
„Die Höhle war eine Zeit lang mein Geheimversteck, als ich die Schule geschwänzt habe", gestand der Vater. „Unser Lehrer war krank, und wir bekamen einen furchtbar strengen Aushilfs-

lehrer. Ich hatte eine Heidenangst vor ihm. Anstatt zur Schule zu gehen, habe ich mich vormittags in der Höhle versteckt. Nach einer Woche ist die Sache dann rausgekommen. Ich hatte noch Glück." Er lachte. „Mein richtiger Lehrer war sehr verständnisvoll. Er hat bei meinen Eltern ein gutes Wort eingelegt."

Tobias' Mutter schüttelte den Kopf. „Das höre ich ja zum ersten Mal. Was bist du nur für ein Geheimniskrämer, Theo!"

Illustriert von Alex de Wolf

Cornelia Funke

Das Monster vom blauen Planeten

Auf dem Planeten Galabrazolus lebte einmal ein Junge namens Gobo. Der liebte nichts so sehr wie Geschichten von fernen Planeten und all den merkwürdigen Monstern, die dort lebten.

Eine Geschichte liebte er ganz besonders. Die von dem kleinen blauen Planeten namens Erde, auf dem felllose Monster mit nur zwei Augen und zwei Armen lebten. Gobos Großvater hatte vor vielen hundert Jahren eine Urlaubsreise zu diesem merkwürdigen Planeten gemacht, und Gobo hatte die Fotos von den gruseligen Bewohnern über seinem Bett an die Wand gehängt.

Als Gobo zu seinem zweihundertsten Geburtstag ein kleines Raumschiff geschenkt bekam, beschloss er, sich so ein Erdenmonster zu fangen. Schließlich hatten all seine Freunde längst mindestens ein Haustier von einem anderen Planeten.

   Früh am Morgen startete er von den silbernen Hügeln seines Planeten und tauchte in die ewige Nacht der Sterne. Er flog an unbekannten Sonnen vorbei, durchquerte gefährliche Meteoritenschwärme, wich feurigen Kometen aus und schwebte schließlich im gelben Licht einer fremden Sonne über dem kleinen blauen Planeten.

   Gobo schaltete sein UMS (Unsichtbar-mach-System) ein und ließ sich langsam durch die Atmosphäre hinabsinken. Er hielt Ausschau nach einer von diesen wunderbar grünen Wiesen, die

Opa fotografiert hatte. Solche, auf denen kleine Blumen wuchsen und ganz große mit dicken Holzstängeln, zwischen denen die Erdenmonster umherrannten.

Aber er fand nichts als Steinwürfel, riesige graue Schlangen und stinkende Blechkäfer, die auf ihnen herumkrochen.

Erst als die fremde Sonne schon fast unterging, entdeckte Gobo, was er suchte: eine grüne Wiese mit weißen Blumen. Und mittendrin ein Erdenmonster.

Es war genauso bleich wie auf Opas Fotos und hatte tatsächlich nur zwei Augen und zwei komisch dünne Arme. Die Augen schimmerten sonderbar feucht, und die Beule mitten in seinem Gesicht sah wirklich scheußlich aus. Aber so gruselig, wie Gobo es sich vorgestellt hatte, war es nicht. Er war etwas enttäuscht.

Das Erdenmonster hockte auf seinen Hinterbeinen und bewegte seine Kinnladen ganz eigenartig, während es etwas in sein kleines Maul stopfte. Nur auf dem Kopf hatte es struppiges, gelbliches Fell, das ihm fast bis in die zwei Augen hing. Den felllosen Körper hatte es in bunte, höchst merkwürdige Lappen gehüllt – was sehr dumm aussah.

Gobo ließ sein Raumschiff so sacht hinunterschweben, dass nur die Blumen etwas zitterten.

208

Als er genau über dem Kopf des Monsters schwebte, schaltete er den Fangstrahl ein – und das Monster verschwand von der Wiese, als hätte es nie dort gesessen.

Gobos Raumschiff aber war schon ein Augenzwinkern später mit seiner Beute Sonnensysteme entfernt auf dem Heimweg.

Als Gobo das Monster mit dem Fangstrahl in einen Käfig setzte, machte es furchtbare Geräusche. Es sprang wild auf und ab, rüttelte mit seinen kleinen Klauen an den Stäben und stieß entsetzliche Laute hervor. Sie erinnerten Gobo an das Grunzen von Mondschweinen und das Kreischen wütender Siriusäffchen.

Er setzte seinen Übersetzungshelm auf, trat vorsichtig an den Käfig heran und – fuhr erschrocken zurück.

„Du widerliches Monster!", schrie ihn das kleine Scheusal an. „Lass mich sofort hier raus!"

„Wieso Monster?", rief Gobo empört. „Du bist das Monster! Und von jetzt an bist du mein Haustier!"

„Was?", fauchte das eklige, bleiche Erdenmonster und rüttelte so wütend an den Gitterstäben, dass Gobo schnell noch einen Schritt zurücktrat. Selbst sein Helm verstand nicht, was das kleine Ungeheuer nun alles von sich gab.

Dann hockte es sich plötzlich in eine Käfigecke und schluchzte los. Silbrige Tropfen quollen aus seinen Augen und liefen das blasse Gesicht hinunter. Gobo war bestürzt. Wurde es etwa krank? Vertrug es das Fliegen nicht?

„Ich will nach Hause!", hörte er es schluchzen. „Ich will zurück nach Hause."

„Wie meinst du das, nach Hause?", fragte Gobo ungläubig. „Monster haben kein Zuhause."

„Du bist das Monster!", schniefte das bleiche Wesen. „Du weißt gar nicht, was Zuhause heißt."

„Natürlich weiß ich das!", rief Gobo empört. „Mein Zuhause ist der Planet Galabrazolus. Er hat wunderbar silberne Berge und Meere, die wie buntes Glas schimmern. Er hat sieben Monde.

Jeder hat eine andere Farbe. Und auf jedem hat man ein anderes Gewicht."

Das kleine Erdenmonster hörte auf zu schluchzen und sah ihn erstaunt mit seinen zwei Augen an.

„Sieben Monde?", fragte es leise. „Stimmt das wirklich mit den sieben Monden? Wir haben nämlich nur einen."

„Natürlich stimmt das", sagte Gobo – und fand plötzlich, dass die zwei Augen des Monsters wie kleine Sterne aussahen.

„Die Monde würde ich gern mal sehen", sagte es. „Aber dein Haustier werde ich nicht."

Schweigend sah Gobo es an. „Meine Freunde werden mich auslachen", dachte er. Aber dann drückte er auf einen Knopf, und der Käfig verschwand.

„Komm", sagte Gobo und lächelte das fremde Wesen verlegen an. „Ich zeige dir die sieben Monde. Und dann bringe ich dich nach Hause."

Illustriert von Cornelia Funke

Klaus-Peter Wolf

Auch Piraten brauchen Haustiere

Er hieß Johnny Mayer und war der jüngste Pirat an Bord. Er war gerade erst sieben geworden, aber er spuckte schon weiter als sein Vater, der Kapitän.

Statt Kautabak zu lutschen wie die anderen, biss er auf Lakritzstangen herum. Statt mit Pulver füllte er seine Pistole mit einer Mischung aus Wasser und Tinte.

Andere Kinder in Johnnys Alter haben vielleicht ein Meerschweinchen oder einen Kanarienvogel, einen Hamster oder einen Wellensittich. Johnny hatte Haie und Möwen.

Andere Kinder halten ihre Tiere in kleinen Käfigen. Johnnys Tiere waren frei. Aber er fütterte sie und sorgte sich um seine Haie und Möwen, wie andere Kinder sich um ihre Haustiere kümmern. Johnny brauchte nur nie einen Käfig sauber zu machen.

„Deine Möwen scheißen das ganze Deck voll!", meckerte Papa jeden Tag. „Man rutscht überall aus auf dem Mist. Die halbe Mannschaft hat sich schon dabei ein Bein gebrochen."

Johnny hörte schon gar nicht mehr hin.

„Und deine Haie! Sie nagen an den Planken. Eines Tages werden wir sinken!"

„Ach, das glaube ich nicht", sagte Johnny. „Meine Haichen nagen nur gern ein bisschen am Holz. Das ist für sie wie Zähneputzen."

Johnnys Papa verstand nicht, warum die Haie ständig neben dem Schiff herschwammen und die Möwen über dem Segel kreisten.

„Sie lieben mich eben", sagte Johnny.

Dann, eines Abends, Johnny hatte gerade seine Haie gefüttert, begann die Mannschaft zu maulen. „Wir wollen den Kapitän sprechen!"

Die Männer waren kurz davor zu meutern: „Es gibt seit Tagen kein Brot mehr!", beschwerten sie sich.

„Komisch", dachte der Kapitän, „ich habe doch so viel Getreide laden lassen. Es müsste

ausreichen, um jeden Tag frisches Brot zu backen."

„Und außerdem – wir wollen nicht nur Kartoffeln essen! Wir wollen auch Fleisch."

„Komisch", dachte der Kapitän, „wir hatten im Hafen genug Fleisch gekauft, um Monate davon zu essen."

„Immer gibt es nur Kartoffeln!", schimpften die Männer. „Kartoffelbrot. Kartoffelpuffer. Kartoffelschnaps. Kartoffelklöße. Kartoffelsalat. Kartoffelauflauf. Bratkartoffeln. Gegrillte Kartoffeln. Pellkartoffeln."

„Wo sind all unsere Lebensmittel geblieben?", murmelte der Kapitän und verdächtigte im Stillen den Koch, alles selbst gegessen zu haben.

Nun war der Koch zwar dick, aber er konnte unmöglich alle vierundzwanzig Wildschweine alleine gegessen haben und die zwölf Rinder erst recht nicht.

„Reg dich nicht auf, Papa", sagte Johnny leise, „ich war es. Nicht der Koch."

„Häh? Du hast alles gegessen?"

„Nein. Natürlich nicht. Ich habe alles verfüttert. An meine Haie."

Papa Mayer konnte es kaum fassen.

„Und … und was hast du mit unserem Getreide gemacht?"

„Die Möwen", sagte Johnny nur knapp und machte eine Handbewegung, als ob er etwas in die Luft werfen würde.

„Soso", nickte Kapitän Mayer, „die Haie und die Möwen?"

„Ja, Papa."

„Wenn die Mannschaft das erfährt, werden die Männer richtig sauer auf dich werden, Söhnchen", flüsterte er.

„Wenn wir den Schweinehund erwischen, der das gemacht hat, den knüpfen wir auf!", schrie der Maat.

„Genau! Jawohl!"

„Hängen soll er!"

Jetzt wurde Johnny ganz schlecht vor Angst.

Doch da donnerte die Stimme seines Vaters übers Schiff: „Ich war es! Ich!"

Entsetzt sah die Mannschaft ihn an.

„Ich habe damit die Haie gefüttert. Damit sie uns vor den Seeungeheuern schützen!"

„Stimmt!", rief der Koch. „Ich habe mich schon gewundert, warum uns noch nie ein See-ungeheuer angegriffen hat!"

„Und mit den Körnern beschenkte ich die Möwen. Sie sind hoch über uns und warnen uns rechtzeitig vor jedem Feind. Macht euch keine Sorgen, Männer. Im nächsten Hafen laden wir alles wieder zu."

Die Mannschaft ging mit dem Gefühl schlafen, einen weisen Kapitän zu haben, und Johnny wusste, dass er einen Papa hat, der zu ihm hält.

Illustriert von Maria Wissmann

Sigrid Heuck

Unerwartete Belohnung

Damals, als Buffalo Bill noch lebte, wohnte in einer Stadt am Rand der Prärie einmal ein alter Mann, der nannte sich Smith, einfach nur Smith. Früher war Smith einmal Cowboy gewesen, doch dann war er zu alt für diesen Beruf geworden. Weil aber seine ganze Liebe den Pferden gehörte, nahm er eine Stelle als Knecht in einem Mietstall an. In diesem Mietstall stellten fremde Besucher ihre Pferde unter. Doch als die Stadt an eine Eisenbahnlinie angeschlossen wurde, kamen fast alle Fremden mit dem Zug. Der Stall blieb meistens leer, und Smith hatte fast nichts mehr zu tun.

Eines Abends galoppierte ein finster aussehender Mann die Hauptstraße entlang. Vor dem Mietstall brachte er sein Pferd zum Stehen und sprang mit einem Satz aus dem Sattel. Er warf Smith die Zügel zu und fragte ihn mit barscher Stimme: „Bist du pünktlich?"

„Pünktlicher als die Kirchturmuhr", antwortete Smith.

„Und zuverlässig?"

„Zuverlässig wie ein neues Lasso."

Der Fremde schien mit den Antworten des Stall-

knechts zufrieden zu sein. Er versprach ihm ein gutes Trinkgeld und befahl ihm, am nächsten Morgen mit dem Glockenschlag um acht das gesattelte Pferd für ihn bereitzuhalten.
„Zuverlässig und pünktlich!", fügte er mit drohender Stimme hinzu.
„Zuverlässig und pünktlich", versprach Smith. „Ehrenwort."

Das fremde Pferd war eine hübsche Fuchsstute. Ihre beiden dunklen Augen schimmerten so unergründlich wie zwei tiefe Bergseen, und ihr Fell glänzte wie reine Seide. Smith nahm ihr den Sattel ab, gab ihr Futter und Wasser und striegelte ihr gründlich den Schweiß aus dem Fell.
„Du bist schöner als alle Pferde, die ich jemals vorher gesehen habe", flüsterte er ihr zu.

Daraufhin prustete ihm die kleine Stute mitten ins Gesicht.

Es wurde Nacht. Der Mond stieg über den Hügeln auf – und Smith konnte nicht einschlafen.

„Ich könnte ein wenig spazieren gehen und die Stute mitnehmen", überlegte er. „Ihr Herr wird schon nichts dagegen haben."

Smith zog ihr ein Halfter an und führte sie aus dem Stall. Er lief mit ihr auf der Straße entlang, hinaus aus der Stadt und mitten hinein in die mondbeschienene Prärie. Smith lief und lief. Nach einer Weile taten ihm die Füße weh.

„Du hast bestimmt nichts dagegen, wenn ich mich auf deinen Rücken setze", sagte Smith zu dem Pferd.

Er führte es zu einem Stein und kletterte auf den Pferderücken. Als er losritt, fühlte er sich auf einmal wieder jung. Die alten Cowboylieder fielen ihm wieder ein. Er sang sie laut und ein bisschen falsch, aber das störte ihn nicht, und die Stute störte es auch nicht. Von einer kleinen Anhöhe aus genoss Smith den Sonnenaufgang.

„Du gefällst mir", flüsterte er dem Pferd zu. „Ich glaub, ich hab mich in dich verliebt."

Er ließ es eine Weile grasen und schlief dabei ein. Seinen Auftrag hatte er völlig vergessen.

Der Fremde hatte die Nacht im Hotel verbracht. Er war kurz vor acht Uhr aufgestanden und

220

hatte gefrühstückt. Danach hatte er die Straße überquert und die Bank betreten. Dort hatte er dem Kassierer den Revolver unter die Nase gehalten und einen Sack voll Geld verlangt.

Nachdem ihm der Kassierer den Geldsack ausgehändigt hatte, war der Bandit hinausgeeilt und mit dem Sack auf dem Rücken zum Mietstall gerannt. Dort stellte er mit Entsetzen fest, dass sein Pferd verschwunden war. Der Stall war leer. Weit und breit war kein Pferd zu sehen. Doch bevor er sich von seinem Schrecken erholen konnte, kam der Sheriff und verhaftete ihn.

Als Smith gegen Mittag das Pferd zurückbrachte, saß der Räuber schon längst im Gefängnis, und die Bank hatte ihr Geld zurück.

„Es ist gut", dachte Smith glücklich, „dass auch die pünktlichste Kirchturmuhr manchmal nachgehen und das neueste Lasso manchmal reißen kann", als ihm die Bank zur Belohnung die Stute schenkte.

Illustriert von Alex de Wolf

Quellenverzeichnis

S. 8-12
Anne Braun, *Ponyrennen mit Hindernissen*,
aus: dies., Leselöwen-Ponyhofgeschichten.
© 1999 Loewe Verlag GmbH, Bindlach

S. 13-17
Gunter Preuß, *Der Höllenhund*,
aus: ders., Leselöwen-Hundegeschichten.
© 1996 Loewe Verlag GbmH, Bindlach

S. 18-20
Ingrid Kellner, *Pinki will sauber bleiben*,
aus: dies., Leselöwen-Schweinchen-
geschichten.
© 1998 Loewe Verlag GmbH, Bindlach

S. 21-25
Erhard Dietl, *Der neue Hansi*,
aus: ders., Leselöwen-Tierarztgeschichten.
© 1999 Loewe Verlag GmbH, Bindlach

S. 26-31
Gunter Preuß, *Antonia von Rosenstrauch*,
aus: ders., Leselöwen-Hundegeschichten.
© 1996 Loewe Verlag GmbH, Bindlach

S. 32-36
Norbert Landa, *In der Falle*,
aus: ders., Leselöwen-Delfingeschichten.
© 1996 Loewe Verlag GmbH, Bindlach

S. 37-40
Cornelia Funke, *Wer kümmert sich um Kalif?*,
aus: dies., Leselöwen-Tiergeschichten.
© 1997 Loewe Verlag GmbH, Bindlach

S. 42-47
Anne Steinwart, *Verflixt, verhext,
verschwunden*,
aus: dies., Leselöwen-Hexengeschichten.
© 1993 Loewe Verlag GmbH, Bindlach

S. 48-50
Ingrid Kellner, *Bruchrechnen*,
aus: dies., Leselöwen-Schweinchen-
geschichten.
© 1998 Loewe Verlag GmbH, Bindlach

S. 51-55
Angelika Mechtel, *Das Unglück*,
aus: dies., Leselöwen-Schulklassen-
geschichten.
© 1993 Loewe Verlag GmbH, Bindlach

S. 56-62
Manfred Mai, *Kaugummi mit
Himbeergeschmack*,
aus: ders., Leselöwen-Schulgeschichten.
© 1997 Loewe Verlag GmbH, Bindlach

S. 63-69
Bernhard Lassahn, *Bongo, der
Ausredenkönig*,
aus: ders., Leselöwen-Schülergeschichten.
© 1999 Loewe Verlag GmbH, Bindlach

S. 70-75
Marliese Arold, *Der Zauberring*,
aus: dies., Leselöwen-Geheimnisgeschichten.
© 1998 Loewe Verlag GmbH, Bindlach

S. 76-81
Manfred Mai, *Hitzefrei*,
aus: ders., Leselöwen-Schulhofgeschichten.
© 1995 Loewe Verlag GmbH, Bindlach

S. 82-88
Annelies Schwarz, *Blumenwunder*,
aus: dies., Leselöwen-Taschengeldgeschichten.
© 1998 Loewe Verlag GmbH, Bindlach

S. 90-95
Martin Klein, *Strandfußball in Brasilien*,
aus: ders., Leselöwen-Torjägergeschichten.
© 1999 Loewe Verlag GmbH, Bindlach

S. 96-103
Werner Färber, *Die Abkürzung*,
aus: ders., Leselöwen-Fahrradgeschichten.
© 1999 Loewe Verlag GmbH, Bindlach

S. 104-108
Manfred Mai, *Das Entscheidungsspiel*,
aus: ders., Leselöwen-Fußballgeschichten.
© 1993 Loewe Verlag GmbH, Bindlach

S. 109-112
Elisabeth Zöller, *Erste oder zweite Gruppe?*,
aus: dies., Leselöwen-Ballettgeschichten.
© 1998 Loewe Verlag GmbH, Bindlach

S. 113-116
Werner Färber, *Nie wieder Schlusslicht*,
aus: ders., Leselöwen-Fahrradgeschichten.
© 1999 Loewe Verlag GmbH, Bindlach

S. 117-122
Manfred Mai, *Jenny legt los*,
aus: ders., Leselöwen-Tennisgeschichten.
© 1995 Loewe Verlag GmbH, Bindlach

S. 123-129
Martin Klein, *Als Salomon einmal zweimal
ins Schwarze traf*,
aus: ders., Leselöwen-Torjägergeschichten.
© 1999 Loewe Verlag GmbH, Bindlach

S. 130-134
Cordula Tollmien, *Idiotische Spiele*,
aus: dies., Leselöwen-Feriengeschichten.
© 1997 Loewe Verlag GmbH, Bindlach

S. 136-141
Milena Baisch, *Liebe Paula*,
aus: dies., Leselöwen-Freundschafts-
geschichten.
© 1997 Loewe Verlag GmbH, Bindlach

S. 142-148
Cornelia Funke, *Die Flaschenpost*,
aus: dies., Leselöwen-Strandgeschichten.
© 1999 Loewe Verlag GmbH, Bindlach

S. 149-154
Cordula Tollmien, *Wasserscheu*,
aus: dies., Leselöwen-Feriengeschichten.
© 1997 Loewe Verlag GmbH, Bindlach

S. 155-160
Annelies Schwarz, *Vier legen zusammen*,
aus: dies., Leselöwen-Taschengeldgeschichten.
© 1998 Loewe Verlag GmbH, Bindlach

S. 161-167
Milena Baisch, *Tom*,
aus: dies., Leselöwen-Freundschafts-
geschichten.
© 1997 Loewe Verlag GmbH, Bindlach

S. 168-172
Cornelia Funke, *Fremde Worte*,
aus: dies., Leselöwen-Strandgeschichten.
© 1999 Loewe Verlag GmbH, Bindlach

S. 173-178
Cordula Tollmien, *Amerika*,
aus: dies., Leselöwen-Feriengeschichten.
© 1997 Loewe Verlag GmbH, Bindlach

S. 180-185
Marliese Arold, *Der sagenhafte Schatz*,
aus: dies., Leselöwen-Geheimnisgeschichten.
© 1998 Loewe Verlag GmbH, Bindlach

S. 186-193
Cornelia Funke, *Gawain von Grauschwanz
und die schreckliche Meg*,
aus: dies., Leselöwen-Rittergeschichten.
© 1994 Loewe Verlag GmbH, Bindlach

S. 194-200
Klaus-Peter Wolf, *Der Seewolf*,
aus: ders., Leselöwen-Seeräuber-
geschichten.
© 1993 Loewe Verlag GmbH, Bindlach

S. 201-205
Marliese Arold, *Das Geheimversteck*,
aus: dies., Leselöwen-Geheimnisgeschichten.
© 1998 Loewe Verlag GmbH, Bindlach

S. 206-212
Cornelia Funke, *Das Monster
vom blauen Planeten*,
aus: dies., Leselöwen-Monster-
geschichten.
© 1993 Loewe Verlag GmbH, Bindlach

S. 213-217
Klaus-Peter Wolf, *Auch Piraten
brauchen Haustiere*,
aus: ders., Leselöwen-Seeräuber-
geschichten.
© 1993 Loewe Verlag GmbH, Bindlach

S. 218-222
Sigrid Heuck, *Unerwartete Belohnung*,
aus: dies., Leselöwen-Cowboygeschichten.
© 1995 Loewe Verlag GmbH, Bindlach